変化の達人　魚魚丸50年の情熱

コムライン 創業者
新美 文二

中経マイウェイ新書 061

はじめに

よく言われることだが、企業のトップは孤独である。変化が激しく、先行きを見通すのが難しい世の中で、最終的な経営判断を下さなければならないからだ。判断の誤りやタイミングを逸することが、死活問題につながることもある。

私は1971（昭和46）年9月、自宅の庭に小さな工場を建てて鉄工所を創業した。好奇心の旺盛な私はその後、世の中の変化を先取りする形で、持ち帰り寿司《すし》、レンタルビデオ・ショップ、パソコン・ショップと経営の多角化を進めていった。

その後、レンタルビデオ・ショップ、パソコン・ショップからは撤退し、回転寿司の「魚魚丸《ととまる》」を主力にさまざまな業態の外食事業を展開してきた。

創業から52年。新しい事業を始めるにしても、撤退するにしても、その都度、自ら考え、状況を判断し、決断を下してきた。孤独な判断の連続であり、よくここまでやって来ることができたと思う。

そんな私が心のよりどころとしてきたのは、幼年期に両親から受けた深い愛情だった。父からの教えである「誠心誠意」と母からの教え「人に尽くしなさい」はいまでも胸に刻まれている。

加えて優れた先人の教えとして、自然の摂理から学ぶことだ。例えば「良樹細根《りょうじゅさいこん》」。良い樹を育てるには、まずはしっかりした土壌をつくる。そうすれば、根が細かく張っていき、葉が茂り、花が咲いて、最後に良質な実を結ぶ。人はとかく果実のみを追いかけたがるものだが、まずはしっかりした根を育てることから始めなければならないという教えである。

あるいは「経営判断は波乗りと同じ」という考え方。波が押し寄せてきて、乗るタイミングが早ければおぼれてしまうし、遅ければ去っていった波には乗ることができない。一瞬の旬に乗る事である。

敬愛する詩人、坂村真民先生の「念ずれば花ひらく」。「念」は「今」の「心」と書き、今の心を継続していけばやがて花開くという、孤独な判断を迫られる者にとっては心の支えとなる言葉だ。

ダーウィンの「最も強いものが生き残るのではなく、最も賢いものが生き残るわけでもない。唯一生き残れるのは、変化に対応できるものだ」という言葉にも、深い感銘を受けた。

新型コロナウイルスにエネルギーや原材料価格の高騰と、外食産業を取り巻く環境は厳しいが、台風がやって来ても、いつまでも続くわけではないし、辛く厳しいからこそ、それを乗り越えていくための知恵が生まれてくる。マイナスをプラスに考えることができれば、ピンチはチャンスとなる。つまり自然の摂理から学び、変化に対応して生き残るということだ。

筆者近影

目次

第五章　故郷知立とコムライン、そしてこの国への思い

第一章　起業からコムラインまでの若き日々

池鯉鮒の宿場町で商家の一族に生まれる

私は1946（昭和21）年11月5日、愛知県碧海郡知立町山町（現在の知立市山町）で生まれた。

知立市はその昔、東海道五十三次の岡崎宿の次の宿場、江戸から数えて39番目の「池鯉鮒《ちりふ》宿」があった所で、その後の変遷を経て「知立」の文字が使われるようになった。

当時は馬市が立つことでも知られており、歌川広重の「東海道五十三次」にもその様子が描かれている。歴史観光振興の一助になればとの願いから、私はこの広重の「池鯉鮒の宿」を名刺に印刷している。

新美という姓については、知立近辺には少なく、半田や碧南に多いので、私の先祖は知多半島からやって来たのではないか、と推測している。

確かな記録が残されているわけではないので、移り住んだ時期は定かではないが、語り伝えられているところによれば、現在の新美家の本家の当主が15代目に当たるとのことなので、そこから計算していけば江戸時代中期になるのではないだろうか。

広い農地を所有し、往来の盛んな東海道の宿場町で旅篭《はたご》、両替商、酒屋などを手広く営んでいた、と聞かされてきた。知立の山町の入り口に当たる所で商売をしていたことから、屋号は「山口屋」と言った。

私が子どもの頃には、隆盛を極めていた頃の面影が残っていて、広大な農地があったし、富豪の象徴である白壁の蔵が三つも建っていた。

私の父「芳一《よしかず》」は、新美本家の次男「定二」の子として生まれたが、両親は父が子どもの頃に病で亡くなってしまった。そこで、新美本家三男の「文吾」に子どもがなかったこともあり、芳一は姉とともにこの文吾夫婦に引き取られた。

文吾夫婦は父芳一の育ての親となり、私にとってはかけがえのない祖父母である。

文吾の妻、すなわち私の祖母は「志げの」と言い、東郷町から嫁いできた。その志げののめいのひとりが「ちず子」で、父の芳一に嫁いだ。すなわち私の母である。血のつながりのない育ての母とは言え、父は母方のいとこと結婚したわけだが、昔はこのような例も珍しくなかったようである。

東郷町にある母の実家では、祖母がアラメ（昆布の一種）の販売を行うなど家を助けるために商売熱心な人が多く、私は父方のみならず、母方からも商売人の血を引いていた様だ。

父芳一と３歳の筆者

にぎやかな大家族（手前が小学生の筆者）

「ひとりで1個の卵が食べたい」が名物料理に

１９４５（昭和20）年8月15日、日本は終戦を迎えた。父は戦地から復員すると、豊田工機（現在のジェイテクト）に勤め、身を固めた。

結婚式の様子は、子どもの頃から何度も聞かされてきたが、花嫁衣装に身を包んだ母はリヤカーに乗せられ、東郷町から知立町まで嫁いできたという。

リヤカーというのは人が引くものなので、もちろん徒歩である。父が母の実家で酒を飲み、酔っぱらって歩いて帰ってきたことがあったが、3時間かかったという。ということは、花嫁行列であれば4時間くらい費やしたのではないだろうか。そんな二人は近所でも評判の美男美女の結婚だったようだ。

結婚した母は、わずかばかりの田畑を父とともに耕した。父は勤め人だったので、いわゆる兼業農家である。食べ物が十分にない時代だったので、畑を所有していれば耕すのは当然のことだった。

祖父はもともと町役場に勤め、書記長の役についていたが、定年後、私が生まれた頃には祖母と一緒に履き物商を営んでいた。

一家は新美家の本家のすぐ裏に住まいを構え、祖父母、父と母、私に続いて弟3人、妹1人が生まれたので、9人のにぎやかな大家族になった。

家事、畑仕事、子育てというように、忙しい母の姿を見て育ってきた私には、おのずと長男としての意識が醸成されていった。自身が長男であった母方の叔父からは「長男というのは弟や妹の面倒を見るものだ」と教えられた。

戦後の貧しい時代であり、長男の私にとっての切実な思い出は、やはり食べ物に関するものである。

その頃のごちそうのひとつに麦飯の卵かけごはんがあったが、一個の鶏卵を5人の兄弟で分けなければならない。白身をよくとかないと均等に分けづらく、けんかになってしまうので、念入りにかき混ぜなければならなかった。

「ひとりで1個の卵が食べたい」

これが子どもの頃の私の叶わぬ夢となった。

そんな私はその後も卵好きとなり、それが高じてお客様の目の前で焼く「魚丸」の名物料理が生まれた。出汁巻卵焼きである。

焼きたての温かい、ふわふわの大きなだし巻き卵をすしネタにしたもので、一度食べた人はもう一度食べたくなる、自慢の一品である。

父芳一と母ちず子(1998年)

魚魚丸名物の焼玉子

子供の頃の背の低さが燃える気持ちを育む

子どもの頃の私は背が低く、小学校や中学校では背の順に並ぶと一番前だった。成績は悪くはなかったが、よくできたわけではなく、運動も苦手で、運動会ではいつもビリだった。

成人してからの私は背が人並みになり、子どもの頃に背の高かった同級生と同じくらいになった。同学年には4月生まれからいたが、私は11月生まれということもあり、いわゆる晩熟《おくて》だったのだ。

このことは良い効果をもたらした。何かと遅れをとりがちな悔しさが、ハングリー精神を磨いてくれたからだ。「いつかはきっと」という、燃えるような気持ちになり、中学卒業時の寄せ書きに「ＰＯＷＥＲ」と書いたりしている。

人としての生き方については、父の影響を受けているように思う。父は仕事に真面目で一生懸命、そして几帳面で真摯な人であった。私は何かの折に聞かされた「何事にも誠心誠意で臨め」「用意周到」「後始末」という言葉を、今でも父の大切な教えとして心に刻んでいる。

そんな父は大学進学を勧めてくれたが、5人兄弟の長男である私は家庭の経済的な事情を考えて「〝実業大学〟へ行きます」と答えた。進学ではなく、就職する道を選んだのだ。

この時の選択の一番の理由は「長男としてこれ以上、親に負担をかけたくない。親孝行がしたい」ということだったが、それだけではなく「早く仕事に就いて広い世の中を知りたい」という思いもあった。

だが、広い世の中を知りたいと思っていても、具体的に何をすればいいのか分からなかったし、何をどうすればいいのか、見当もつかなかったが、私は私なりに考えていた。

室内でひとつのことに打ち込むような仕事ではなく、外へ出て行き、どこかの会社の社長とか、ある部門の課長とか、物事を決定する立場にいる人にたくさん出会う仕事ができれば、世の中のことを早く深く知ることができそうだと。

また、これから車の時代がやってくるのは間違いなく、そうなれば車のセールスは花形の仕事になるはずだし、車のような高額な商品であれば、物事を決定する立場の人に会える機会は間違いなく多くなるはずだ。

愛知県立知立商業高校（現在の知立高校）を卒業した私は１９６５（昭和40）年４月、「トヨタカローラ名古屋」に入社した。

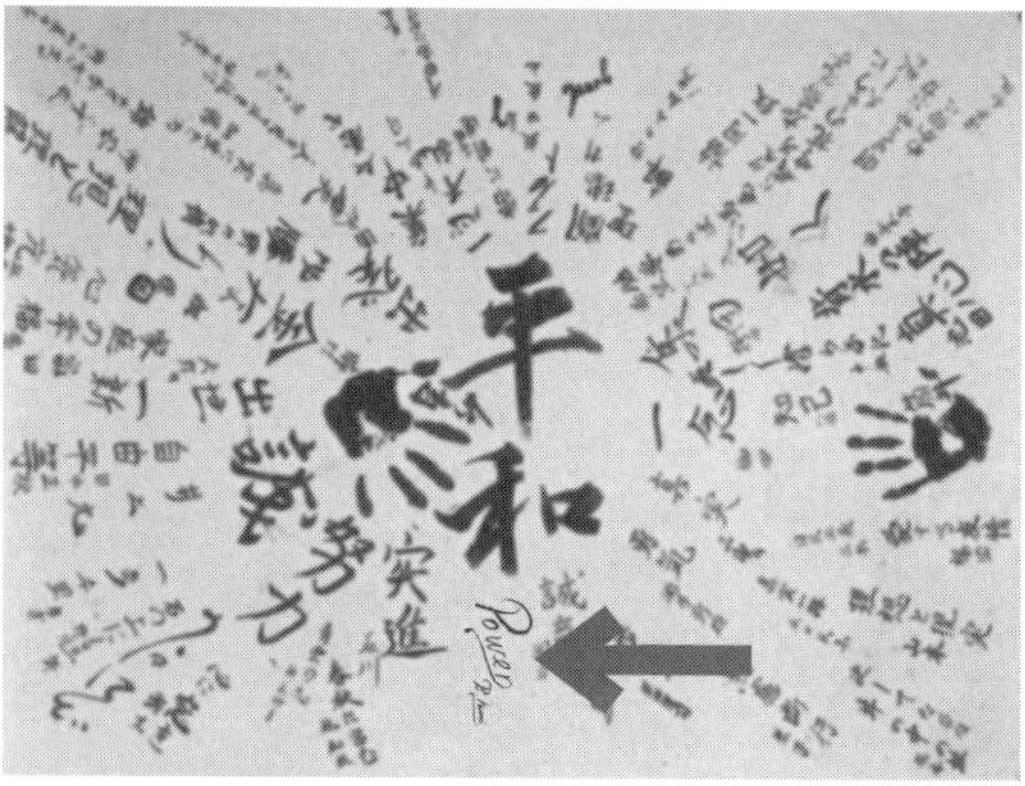

「Power」と書いた中学卒業時

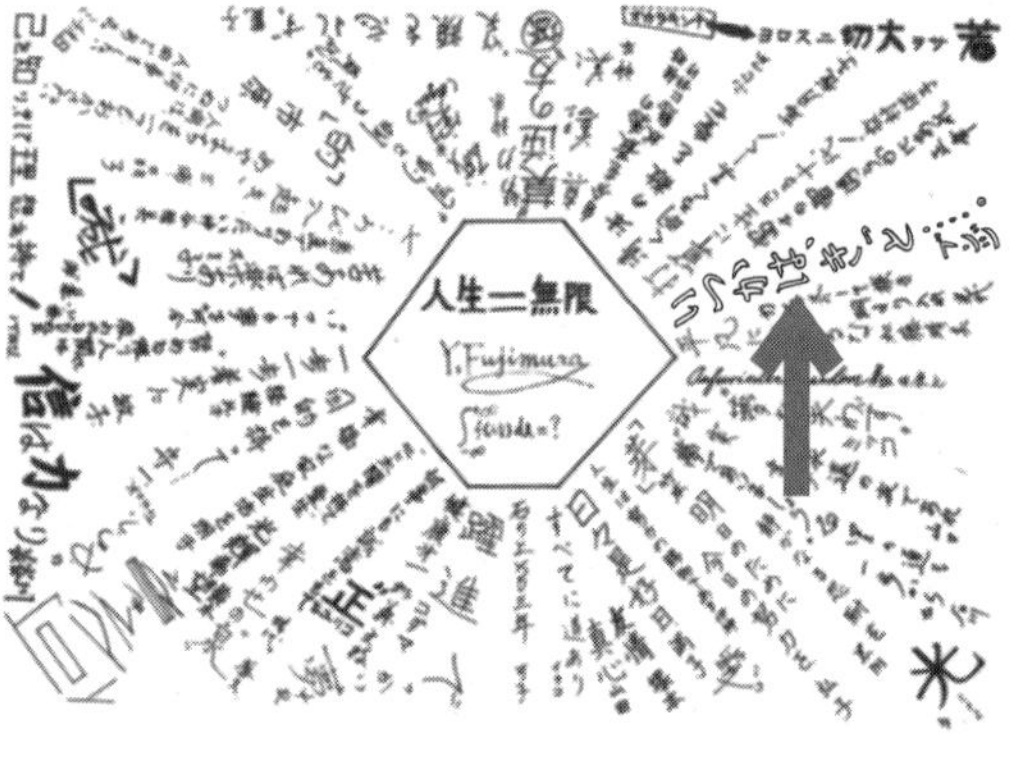

「いつかはきっと」は高校卒業時

父の夢を叶えるべく独立に向け鉄工所で修行

トヨタカローラ名古屋に入社した私は、営業ノルマを達成するために懸命に働き、ここで仕事や世の中の仕組みなど、生きていくために必要な多くを学ぶことができた。

当然のことながら、辛いこともたくさん経験した。飛び込み営業をして目の前で名刺を捨てられたり、夜の約束時間に訪問すると不在なので、やむなく車の中で過ごし、早朝に訪問すると即座に断られたりしたが、セールスマンならほとんど誰でも一度は経験することだった。

もちろん、楽しいこともたくさんあった。どう言えばいいのだろうか。私にはほかの人からかわいがられやすいようなところがあるらしく、お客さんからほかの販売先を紹介してもらうなど、比較的うまく人間関係を構築していくことができた。

他社のセールスマンとも親しくなり、会社が違うのにたくさんのことを教えてもらうことができた。そのおかげで営業成績は悪くはなく、私はトップセールスマンというわけではなかったが、表彰されたことが何度もあった。

このように、私は仕事にうまく溶け込んでいくことができたし、居心地は良かったのだが、そのうちに「本当にこの仕事で終わってしまっていいのだろうか」と疑問を抱くようになった。

セールスマン仲間は人当たりのいい人が多かったが、中には金銭面などで疑問を抱かざるを得ないような人がいて、そういう姿を見ているうちに、自分が目指していたものとはどこか違うように思えてきた。

しかも、父は晩酌のおりに「いつかは自分も独立して、社会に役立つような仕事がしてみたい」と口癖のように言っていた。

こうしたことから、私は「家のためにも、自分自身のためにも、父の夢を叶えるためにも、独立して事業を興し、父と一緒に仕事がしたい」と考えるようになり、その思いは日に日に高まっていった。

だが、勤めを辞めて独立するには、それなりの資金と新たな事業を行うための能力が必要である。父の夢は金属加工の仕事だったからそれを叶えるには、まずは鉄工所としての加工技術を身につけなければならない。そこで心機一転、私は車のセールスで訪問して親しくなった鉄工所へ入社し、将来を切り開くための修行を行うことにした。

商業高校出身の私には未体験なことばかりだったが、機械の操作や品質管理などについて、基本から学ぶことになった。

トヨタカローラ名古屋新入社員研修の仲間

セールスマン時代の筆者

新美鉄工所を設立し、下請けからの脱却を模索

私は技術を学ぶために、鉄工所に2年間勤務し、１９７１（昭和46）年9月、「新美鉄工所」を創業した。父の友人が家へやって来て、その人に「独立したい」という気持ちを打ち明けると、「仕事を回してやるからやってみろ」と言ってくれたのだ。現在のコムラインへ至る第一歩である。私が24歳の時だった。当時はいわゆる町工場がいくつも生まれており、その中の一社だった。

自宅の庭に10坪の工場を建設し、修行中にためた40万円を資本金として、シェーパー（形削り盤）やボール盤等を購入し、切削加工の鉄工所を開始することにした。

独立すれば仕事をもらうことができる。このことも私の決心を後押しし、第一歩を踏み出していくためのひとつの支えだった。ところが、事業をスタート

してみると、もらえるはずの仕事をもらうことができず、当てが外れてしまった。

今さら後戻りすることはできない。そこで私は、セールスマン時代の経験を生かして営業活動を展開していった。地元企業に飛び込み、顧客開拓に奔走していくうちに、ようやく仕事をもらうことができた。金型製作の仕事だったが思うように進めていくことができず、4回作り直して合格にこぎつけた。

西三河地方の自動車産業発展の恩恵を受けて、工作機械部品加工の仕事が徐々に増えていった。そこで、父も豊田工機を退職して新美鉄工所の仕事をすることになり、そこへ弟の政也が加わり、さらに中途採用の社員を採用して、合計6人で仕事をこなしていった。

すべてが順調であり、このままうまく行くかと思われたが、73（昭和48）年10月の第1次オイルショックを境に状況は一変し、注文は減少していき、ついに途絶えてしまった。

鉄工がだめだとしても、木工ならいいかもしれない。そう考えた私は木工家具業界を何社も回っていると、ベニヤ板に樹脂を含ませて浸透させた積層強化木の加工の依頼を受けた。「これで家具の取っ手などを作ってほしい」というのだ。積層強化木は木の加工より硬く、鉄より柔かく、けっこう加工技術のいる仕事で、何処でもやれる訳でもなく魅力的な仕事であった。今でもホテルや旅館などの玄関ドアに使われている。

これで何とか一息つくことができたが、鉄製品に比べると単価が低く、数量的にビジネスとしてのうまみがなかった。私は次第に「このような下請けのままでは、自分が夢見ていたような成功を手にすることは不可能なのではないか」と考えるようになっていった。

当時入社してくれた三男・政也

新美鉄工所の機械設備

グアムへの新婚旅行は多種多様な乗り物ツアーに

江戸時代の末期、和泉村（現在の安城市和泉町）の豪農、都築弥厚は慢性的な水不足を解消するため、矢作川の上流から水を引く水路の開削を計画した。その取り組みを継いで、１８８０（明治13）年に完成したのが「明治用水」である。

都築弥厚に協力して測量を行ったのが石川喜平という数学者で、ある日、この石川喜平の銅像の前に立つ若い女性の写真を、私は見せられた。名前は村高克代。何代か前の先祖が石川喜平なのだという。見合い写真だった。

話は順調に進んでいき、１９７３（昭和48）年10月3日、ふたりは結ばれた。私は27歳、克代は24歳だった。村高家に行くと、石川喜平が測量に使ったというさまざまな道具があった。

地元の知立神社で式を挙げ、披露宴には60人くらいの親戚や友人知人を招待した。さすがに母の時のようにリヤカーに乗って嫁いではこなかったが、花嫁衣装に身を包んだ克代が一軒一軒ご近所回りをするなど、古式に則った結婚式だった。

叔父が名鉄観光へ勤めていたこともあって、新婚旅行はグアムへ出かけた。当時はまだ、新婚旅行先のほとんどは国内の時代であり、私も海外旅行は初めてだった。

披露宴が終わると、2人は当時の花形スポーツカー、フェアレディで知立を後にし、三河湾からホバークラフトで伊勢へ渡って1泊。翌日は近鉄の2階建て列車で大阪の伊丹空港へ行き、ボーイング727でグアムへ。帰りはＪＡＬのジャンボで羽田へ行き、モノレールで東京駅へ、さらに新幹線で名古屋へ戻ってきた。多種多様な乗り物に乗った「乗り物ツアー」でもあった。

私は英語がうまく話せなかったし、パック旅行ではなかったので、添乗員に頼ることができず、すべて自分たちで対応しなければならなかった。グアムの飛行場での入国手続きも、何を聞かれているのかさっぱりわからない。「何泊しますか？」という質問はなんとか理解できたので、「4デイズ」と答えた。

エメラルドグリーンの珊瑚礁の海へ出かけ、船底が透明なガラスの下に熱帯魚が群れる観光船めぐりなど、楽しかった思い出はいろいろある。レストランへ夕食を食べにいっても、何を食べたらいいのかよくわからなかったが、大変珍しい南国の料理で本当においしかった。そのレストランには生演奏のサービスがあり、私たちが日本人の新婚カップルであることを知ると、2人のために「ここに幸あれ」を演奏してくれた。

和算家・石川喜平像の前で妻とその姉(左)

知立神社で挙式

持ち帰り寿司店に「これならいける」と直感

私が結婚した3日後、すなわち新婚旅行中の1973（昭和48）年10月6日、第4次中東戦争が勃発した。16日にはOPEC加盟産油国6カ国が原油価格の引き上げを発表し、ここから世界は第1次オイルショックに見舞われていった。

新美鉄工所も受注が途絶え、木工加工で生き延びる道を見出そうとしていたが、私は「下請けのままでは終わりたくない。自分の手でブランドを立ち上げ、成功を手にしたい」という思いを強くしていった。

そんなある日、私の目を引いたのは、自宅近くにオープンした持ち帰り寿司《すし》の店だった。

寿司と言えば、特別な日に口にする高級品というイメージが強かったが、それが安くて手軽に食べられるというので、なかなかの人気であり、買って食べてみるとてもおいしく、「これなら行ける」と私は直感した。

すでにいくつものフランチャイズチェーンがしのぎを削っており、破竹の勢いの小僧寿しは77（昭和52）年に加盟店1千店舗を達成した。そうした持ち帰り寿司ブームの波が、知立にも押し寄せてきたのだ。

持ち帰り寿司のFC本部について調べていくと、愛知県ではだるま寿司が「あさひだるま」をフランチャイズ展開しており、そのFC本部に友人が勤めていることが分かった。

そんなこともあって、「やってみたい」という思いは日に日に高まっていき、私は78（昭和53）年9月、母の郷里に近い三好町（現在のみよし市）に1号店「あさひだるま三好店」をオープンした。私が31歳の時であり、これがフードサービス事業へ参入していく最初のきっかけになった。

しかし、この時の私はまだ鉄工所の仕事を完全に辞めて、フードサービス業に転身していくつもりはなく、大阪の薬品会社に勤めていた10歳年下の弟、4男の定久を呼び戻して店長を任せることにした。

オイルショックを乗り越え、鉄工所のほうも大きくしていきたいという思いはあり、事業が拡大していき、新工場を建設しなければならない時に備えて、工場用地も確保していた。持ち帰り寿司の店を計画している時、その土地が欲しい、という企業が現われた。公害問題で工場の移転を迫られていた企業で、移転先を探していたのだ。そこでこの土地を売却し、「三好店」の開業資金にあてることにした。

行列ができるほど繁盛する三好店

リニューアルした三好店

激烈な競争。名古屋市内での大きな誤算

私が最初に手がけた「あさひだるま三好店」は、全国的な持ち帰り寿司《すし》ブームに加え、立地条件が良かったこともあって、連日客足が絶えることはなかった。

期待以上の大繁盛を目にした私は、「これなら行ける」という自分の直感が正しかったことがうれしくて、鉄工所の仕事が終わると店へ駆けつけ、夜遅くまで働いた。

早朝5時から深夜0時まで、仕事漬けの毎日だったが、これが若さというものの特権なのだろうか、ともかく仕事をすることに夢中で、どんなに忙しくても、辛いと思ったことはなかった。

車のセールスをしていた頃からそうだったが、私はもともと人と接するのが

好きな性格だった。そんな私は、工場で機械を相手にしているよりも、店でお客さまとふれあうことのほうに魅力を感じる様になってきていた。

連日の「三好店」のにぎわいに後押しされるようにして、私は本気で下請けの仕事から抜け出すことを考えるようになっていった。

私は「三好のような地方都市でもこれだけ繁盛しているのだから、巨大なマーケットを抱えている名古屋市内へ進出すれば、さらに大きな成功を手にできるのではないだろうか」と考えたのだ。ＦＣ本部間の激しい出店競争も、そんな私の気持ちを奮い立たせた。

「三好店」のオープンから3カ月後の１９７８（昭和53）年12月、私は名古屋市瑞穂区に「神前店」を、さらに翌年には昭和区に「川名店」をオープンした。

なぜ、このように相次いで新店舗を開店することができたかというと、持ち帰り寿司ブームでＦＣ本部にはいくつもの物件情報が寄せられていたし、陣取り合戦を展開している本部は本部で、少しでも早く多くの店をオープンさせたいので、本部へ問い合わせがくればすぐに新店舗の情報を提供していたのだ。私は鉄工所の経営は父と弟の政也に、「三好店」は一番下の弟の定久に任せ、一旗揚げるために、名古屋市内へ移住することにした。一軒家の借家を借りて、妻子ともども移り住んだのだ。

ところが、私は大きな誤算をしていた。三好町に比べれば、確かに名古屋市内のマーケットは巨大だが、同時に店数も多く、競争が激烈で、それに打ち勝っていかなければならなかった。加えて、名古屋進出の最初の店舗「神前店」は、出店してみて分かったが、立地もあまり良くなかったのだ。

共に店を切り盛りしてくれた妻

店舗運営の長時間労働で倒れる

鉄工所は父と政也に、「三好店」は定久に任せて役割を分担し、私は名古屋市内の持ち帰り寿司《すし》の2店舗の経営を軌道に乗せることに全力を注いだ。そこには妻の支えがあり、一緒に店を切り盛りしてくれた。

店の隣は文具屋さんだったので、私は紙や筆記用具を買ってきて、妻と2人でチラシや割引券を作り、幼い長女を寝かしつけると、夜中にポスティングに出かけたりした。

そのような涙ぐましい努力を続けても、目に見えるような成果は得られなかった。必要な利益を得ることができなければ、収支を合わせるために節約しなければならない。私は自分が食べる物を切り詰めるために、店で売れ残った寿司飯を油で炒め、具のないチャーハンにして食べたりした。

クリスマスケーキにも悲しい思い出がある。12月24日のイブの夜が過ぎれば、売れ残るのを避けるために半額に値下げされるので、それを買うことにした。だから当時のわが家では、クリスマスケーキは25日の夜に食べるものだった。

もちろん、妻だけでなくパートさんの力も借りていたが、2店舗を切り盛りするのは大変で、私は長時間労働を余儀なくされた。そんな状態にありながら、食べ物の節約を続けていたので、アンバランスな生活がたたって、私はついに倒れてしまった。

検査の結果、下された診断は栄養失調であり、私は1週間程入院するはめになった。元気なはずの私が突然入院したので、多少のことでは動じない父までがひどく驚き、心配して見舞いに来てくれた。

このように妻の力を借りて、早朝から深夜まで骨身を惜しまず働き続けたが、そんな私の奮闘もむなしく、名古屋市内の2店舗の経営はついに好転していかなかった。

このままではいけない。行き詰って駄目になってしまう。この危機を乗り切るには、持ち帰り寿司に固執し続けるのではなく、思い切って発想を転換し、何か別の新しいことに挑戦すべきではないだろうか。

「三好店」は相変わらず繁盛を続けていたが、そこで得た儲けは定久が一生懸命頑張って稼ぎ出したものなので、業績が好転しない店舗の穴埋めに用いるのではなく、新事業の費用にあてたいという思いもあった。

私は心機一転、手探りの状態で経営の多角化に踏み切り、１９８２（昭和57）年、名古屋市緑区鳴海の商店街の一角にレンタルビデオショップの「アトム」をオープンした。

レンタルビデオショップ「CH2」をオープン

レンタルビデオショップの店内

未知の領域の開拓としてレンタルビデオ店開業

１９８２（昭和57）年のレンタルビデオショップ「アトム」の開業は、私なりの予測に基づいて決断したものだった。

ちょうどこの頃、大手家電メーカーがビデオデッキの普及に力を入れ始めており、これを受けて、地域の家電店は販売促進の一環としてビデオソフトの貸し出しを行っていた。

私はこの動きを観察し、「これからビデオデッキが各家庭に普及していけば、映画や音楽のビデオソフトを見たいという人が増えていき、そうなればビデオソフトをレンタルする専門店が登場してくるはず」と予測し、「そうなるのであれば、誰よりも早く手掛けるべきだ」と考えたのだ。

早く手掛ければそれだけメリットがあることは、熾烈《しれつ》な競争を展開している持ち帰り寿司《すし》業界の動きを見て、私は私なりに理解していた。

持ち帰り寿司の時のように、フランチャイズに加盟するのであれば、事業に必要なツールのほとんどはFC本部が提供してくれる。しかし、未知の領域を開拓していくとなると、事業を展開していくために必要なツールは自力で調達しなければならない。

レンタルビデオショップには、不特定多数のお客さまが来店し、ビデオソフトを借りて、家で視聴した後、返却のために再び来店する。こうしたお客さまの動きを思い描いた私は「レンタルビデオショップを運営するには、顧客の動向を瞬時に把握するための貸し出し管理ソフトが必要だ」と考えた。

問題は、私にはコンピューターの知識がないことだった。自分に必要な知識がなければ、知識のある人に頼む以外に方法はない。思いあたったのは、元システム開発技術者の松宮正敏さんだった。

さっそく相談に行き、「ビデオソフトのレンタルショップをやってみたいと思っている」という話をすると、松宮さんは興味を示し、「私も協力したい」と言ってくれた。この松宮さんは、後にわが社の専務取締役になる人である。

松宮さんは職人肌の人で、私はどちらかというと営業畑の人間なので、互いに足りない部分を補い合えるコンビが誕生した。

この時、松宮さんが開発した貸し出し管理ソフトは、電話番号を入力して貸し出し状況や履歴を検索するシステムで、その後、急増していく東海地区のレンタルビデオショップへ外販していき、便利で使いやすいソフトだったので、約２００店舗に導入された。

NECSTORE コムライン刈谷店

パソコンショップコムライン豊田店

リスク軽減のため、3本、4本の足で立つ多角化経営へ

1983（昭和58）年には刈谷市新富町に、レンタルビデオショップの2号店となる新店舗「CH（チャンネル）2刈谷」をオープンした。

店が大きければ多くのビデオソフトを並べることができ、それだけお客さんの選択肢を広げることができる。この店の売り場面積は約150平方メートルで、当時では全国でも5本の指に数えられるくらいの大型ショップだった。

ビデオデッキの普及に伴って、レンタルビデオショップが増えていく流れにあったので、翌年には競合店との差別化を図るため、2階に約100平方メートルのパソコンショップ「PIプラザ」をオープンし、パソコンショップとの複合店舗にした。

レンタルビデオもパソコンも、これから本格的な普及が始まろうとしていた時期だったので、流行の先取りに敏感な人たちの人気を集め、私は確かな手応えを感じることができた。

この時、私は次のように考えた。

どんな仕事でも、予測の難しいリスクに遭遇することがある。どれだけ気をつけていても、飲食店には食中毒といったアクシデントが発生することがある。一方で、世の中は嗜好《しこう》の多様化が進んでいる。こうした時代を生き抜いていくには、経営の多角化が欠かせないのではないか。1本の足ではなく、3本、4本の足で立っていれば、不測の事態に見舞われても、それだけ倒れるリスクを軽減することができるからだ。

これはきわめて重要な発見であり、積極的な経営の多角化を推し進めていくという、その後の私の生き方を決定づけていくことになる。

持ち帰り寿司《すし》についても、思い切った改革を行った。名古屋市内の2店舗は、「神前店」を瑞穂区堀田に移転してみたが、それでも業績は好転していかず、私はＦＣ店の限界を感じて、82（昭和57）年に「川名店」を閉鎖し、契約更新期を迎えた翌年には、ＦＣ契約そのものを打ち切った。

そして、「寿司店とは本来、鮮魚をさばいて提供する店のことであり、味と品質にこだわった独自の持ち帰り寿司の店を作ってみよう」と考え、「三好店」と「堀田店」を鮮度重視の「あいデリカ」という業態に転換した。

フランチャイズ店では苦しく辛い思いをしてきたが、ここで経験したことは決して無駄ではなく、立地の選定、人材育成、業務の標準化、店舗の衛生管理など、その後の経営に生かされていくことになる。

あいデリカのロゴ

あいデリカ店舗

「大黒柱に車をつけよ」研修で得た心揺さぶる言葉

　１９８３(昭和58)年は、大型レンタルビデオショップ「ＣＨ２刈谷」をオープンし、持ち帰り寿司《すし》店では「あいデリカ」を立ち上げて、鮮度重視の店に転換するというように、ひとつの転機となる年だったが、この年には精神的にも転機となるような出来事があった。

　どのような経営をすればいいのか、試行錯誤を続けていた私はある日、知立市商工会へ経営相談に訪れた。応対してくれた経営指導員の浅川さんは、私にこんな質問をした。

「新美さんは私腹を肥やしたいのか、それとも会社を大きくしたいのか、どちらですか？」

「もちろん、会社を大きくしたいですよ」

私がそう答えると、浅川さんは一枚の書類を見せながら言った。

「本気で会社を大きくするつもりなら、経営者としての勉強をしなければなりません。これに参加してみませんか」

浅川さんが勧めてくれたのは、全国商工会連合会が主催し、中小企業庁が後援する「若手後継者等体験研修事業」への参加だった。

大手スーパーの躍進で、地元商店街による進出反対運動が全国で起きていたが、商店街の人たちも反対するだけでなく自己研さんに励むべきだ、との趣旨で計画された新事業だった。

全国から受講生を募り、愛知県からは私を含めて16人が参加した。

まず、東京で14日間のセミナーが行われたが、私はジャスコの岡田卓也社長やその姉の小島千鶴子相談役の話に感銘を受けた。

自らの実践と体験に基づいた「家業から企業へ」「店はお客さまのためにあ

る」「公私の別を明確に」という教えは、私の心を揺さぶり、一言も聞きもらすまいと耳を傾けた。

もっとも心に残ったのは「大黒柱に車をつけよ」という教えだった。ジャスコの前身の岡田屋の家訓で「不動のはずの大黒柱でも、時には動かさざるを得ないことがある。商売も同じで、社会や経済の動きに応じて、店は革新を続けていかなければならない」という意味である。

そうなのだ、と私は思った。世の中のあり方や価値観、ライフスタイルは絶えず変化している。店はお客さまのためにあり、店の役割は商品とお客さまを結びつけることなので、環境の変化とともに、店は変化し続けていかなければならない。この考えは、その後の私の生き方とコムラインの経営を決定づけていくことになる。

若手後継者体験研修の本

研修の様子

新たな歴史の始まり。法人化で家業から企業へ

東京でのセミナーを終えた私は、名古屋へ戻ると、学んだことを実際に体験するため、地元のジャスコの店舗で研修を受けた。具体的な仕事を通じて、私はたくさんのことに気づかされた。

とりわけ、多くを知っていて、的確な判断ができる店長のリーダーシップに感心し、わが身に照らし合わせて、素直に反省した。

店長は、さまざまな売り場を経験してきた人がなるものであり、現地現場の知識と経験の積み重ねがあるからこそ、「お客さまが何を求めているのか」「お客さまに満足していただける商品やサービスは何なのか」について考えることができ、顧客ニーズの変化に対応できるようになる。

店はお客さまのためにあるという意識が、私には明らかに欠けていたし、も

うけたいという気持ちが先立っていた。当然のことながら、私の店とジャスコの店舗とでは規模がまるで違う。だからといって、お客さまに接する心意気に違いがあるはずがない。

そのような猛省から、全45日間の研修を終えた私は改めて「顧客第一主義」や「生活提案」という観点に立ち、「業種でなく業態を意識した新たなビジネスを展開していこう」と決意した。

幸いなことに、ビデオデッキの急速な普及に支えられて、レンタルビデオショップの経営は順調に推移していた。独自スタイルの「あいデリカ」に転換した持ち帰り寿司店の経営も軌道に乗りつつあった。

私は研修で学んだ「家業から企業へ」という教えを実践するための第一歩として、組織を法人化することにし、１９８４（昭和59）年12月、資本金３００万円で「有限会社コムラインシステム」を設立した。コムラインの前身である。

「コムライン」とは、コンピューター・オンライン、コミュニケーション、コミュニティー、コマースといった言葉から、独自に生み出した造語である。コミュニケーションの語源と言われているラテン語の「コミュニス」には「共通の、地域社会の」という意味があり、「店が商品とお客さまを結び合わせる場になるように」との願いを込めて命名した。

コムラインシステムは、第1期の売上高として1億5500万円を計上し、ここから新たな歴史が始まっていくことになる。

知立本社(当時)

第二章　グルメ回転寿司魚魚丸誕生までの過程

事業領域は広がり、顧客ニーズ対応でソフト開発も

１９８５（昭和60）年9月のプラザ合意によって急速な円高が進み、輸出産業は深刻な打撃を受けて円高不況に陥り、日本経済の先行きが懸念された。ところが、日銀の低金利政策や円高メリットにより、日本はやがてバブル景気へ突入していくことになる。

こうした経済の先行きを直感した私は、レンタルビデオの利用拡大に応えるため、この年から翌年にかけて、レンタルビデオショップ「ＣＨ２」の多店舗化を推進した。

それまでは、名古屋市緑区の「鳴海店」と刈谷市新富町の「刈谷店」の２店舗だったが、東郷町に「和合店」、刈谷市に「東境店」、安城市に「南安城店」を相次いでオープンし、「ＣＨ２」は5店舗になった。

1階に「CH2刈谷店」があるコムライン刈谷の2階は、パソコンショップの「PIプラザ」になっていたが、企業や学校、家庭にもパソコンが普及し始めたことから、この店の売り上げも順調に推移していた。

このため、富士通やNECの正規代理店となり、品ぞろえに厚みを持たせて、売り場の充実を図った。

こうした企業努力も功を奏して、パソコンを購入してくれる美容院や酒販店、工務店が増えてくると、さまざまなアドバイスを求められるだけでなく、「自社で使用する管理ソフトを作ってほしい」との要望が寄せられるようになってきた。

これに応えるため、社内のスタッフが中心となって、それぞれの企業向けの業務用ソフトの開発に取り組むようになり、このようにさまざまな顧客ニーズへの対応を通じて、手掛ける事業の領域は徐々に拡大していった。

ちょうどこの頃、知立市商工会が「米国ショッピングセンター視察旅行」や二十一世紀クラブの「米国視察」の参加者を募集していた。

米国は流通の先進国であり、今の米国の動きが数年後には日本にもやって来る。すなわち、今の米国の姿は日本の近未来の姿であるとして、当時の流通業界では米国視察が盛んに行われていた。

ジャスコで受けた研修でも、こうした動きについてよく聞かされていたことから、私は「機会があれば米国の現状を自分の目で見てみたい」と強く思うようになっていたので、参加することにした。

視察旅行の参加者は知立市商工会の会員や中小企業経営者で、1週間くらいをかけて米国西海岸の巨大な郊外型ショッピングセンターを見て回った。86（昭和61）年のことだった。

レンタルビデオショップを多店舗化

二十一世紀クラブの「米国流通視察」のメンバー

米国視察に刺激を受け、回転寿司の新たな取り組みへ

米国ショッピングセンターの視察旅行で目にした光景は刺激的で、私はひとつのカルチャーショックを体験した。

今の日本では当たり前になっているが、私たちが訪れたのは当時の日本にはまだなかった、百貨店や大型スーパーを核店舗としてさまざまな専門店が集積するモール型ショッピングセンターだった。まず驚かされたのは規模の大きさで、店舗が巨大であるのみならず、広大な駐車場を併設しており、中には飛行場を備えたところまであった。

広い店内を歩いていくと、ディスカウントストアがあり、個性的なブランドショップがあり、売り方もそれぞれに個性的で、私はバラエティーに富んだ

ショッピングセンター内の華やかさに目を奪われた。

帰国した私は何か新しいことがしてみたいと強く思うようになり、安城市内で店舗物件を見つけると、ここならばスイーツ系の店がいいのではと判断し、アイスクリームと洋菓子の「シャトレーゼ」のＦＣ店を出店した。

シャトレーゼは１９８６（昭和61）年２月に工場直売のＦＣ１号店を千葉県にオープンし、全国展開を開始したばかりであり、私にとっても新事業への挑戦的な試みだった。

新しいことや流行に飛びつくことを避け、地道な取り組みを進めていくという考え方の重要性も認識していたが、米国視察で見た光景に心を奪われていた私は、「新しいことを積極的に学び、ビジネスチャンスを掴んでいきたい」という気持ちに立っていた。

こうした取り組みの背景には「強い企業を作るには、１本の足で立つのではなく、３本、４本の足で立つべきである」という経営の多角化への強い思いもあった。

米国視察旅行に参加し、「シャトレーゼ」のＦＣ店をオープンした86年には、寿司《すし》店でも新たな取り組みに挑戦した。

わが社の持ち帰り寿司店の1号店である「三好店」の近隣に、回転寿司大手の「アトムボーイ」が出店するという話を聞きつけた私は、先手を打つ必要があると判断し、新たにロードサイドで５００坪ほどの候補地をみつけ、おいしさ、楽しさ、リーズナブルな価格の回転寿司の出店に着手した。

40台収容の駐車場を設け、ドライブスルー機能を加えた回転寿司レストラン「あいデリカ三好店」を開店したのである。

「シャトレーゼ」のＦＣ店を出店

混雑する店内の様子

会社組織を確立するため「株式会社コムライン」を設立

経営の多角化を伴う事業の拡大により、私は経営者として、ビデオにくわしい人、コンピューター・プログラマー、寿司《すし》職人というように、さまざまな人材を抱えるようになっていた。

このような多種多様な人たちの個性や能力を十分に生かし、社員一人一人がその道のプロとしてそれぞれのスキルを高めながら、企業の永続的な成長発展を目指していくには、しっかりした会社組織を確立していかなければならない、と私は考えるようになった。

私はジャスコでの研修を通じて「家業から企業へ」という成功のための原則を学んだが、手掛けているひとつひとつの事業が順調に成長軌道に乗り始めると、この教えが単なる知識ではなく、自分自身に欠かせない切実な課題として、その重要性がはっきり実感できるようになってきたのだ。

家業から企業への転換を実現していくには、しっかりした会社組織を確立することが、避けては通れない。このため、私は1990（平成2）年11月、「有限会社コムラインシステム」に代わる新たな事業会社として「株式会社コムライン」（資本金1千万円）を設立した。

この年にも事業の拡大や新たな挑戦に力を入れていき、2店舗目のパソコンショップとして「コムライン豊田店」をオープンしたのを機に、一般ユーザー向けのパソコン販売の充実に加えて、ビジネスユーザーを対象とした外販の強化にも乗り出した。

翌年の91（平成3）年には、パソコンショップの1号店「PIプラザ」を刈谷市新富町から日高町に移転した。これに伴って、新富町の旧店舗は、1階をレンタルビデオショップの「CH2」、2階をファミコンショップにリニューアルした。同時に「CH2新安城店」もオープンした。

このような積極経営を推し進めていった結果、同年7月末を期末とする「株式会社コムライン」の第1期決算は、売上高が9億2千万円となり、利益も引き続き黒字を計上するなど、新会社は好スタートを切ることができた。

また、「家業から企業へ」の転換を進めていくには、経営者が交代してもぶれることなく、変化に対応しながら成長し続けていく会社でなければならない。そのためには、しっかりした「経営理念」を定める必要がある。経営理念が、事業を受け継いでいく人たちとともに生き続けていくことができれば、コムラインは存続し続けていくことができる、と私は考えたのだ。

パソコンプラザコムライン豊田店

当時の幹部(左から父・芳一、弟・定久、システム開発技術者の松宮正敏さん、筆者)

月の石が経営理念の「THINK DO THINK」を生んだ

「経営理念」を定めるにあたって私の心の支えになったのは、中小企業経営者の勉強・研さんの場である愛知中小企業家同友会の友人たちだった。

私が入会したのは1986（昭和61）年1月のことで、ここでの活動を通じて知り合い、ともに学び、励まし合いながら、同じように「家業から企業へ」の道を歩んで行こうとしている、多くの先輩や仲間に出会うことができた。

中小企業家同友会は、新時代に適応していくための企業革新を推し進めていくとともに、経営者自身の自己革新を促していくための学びの場として、「よい会社をつくろう」「よい経営者になろう」「よい経営環境をつくろう」という三つの目的を掲げている。

私はここで、経営理念の確立や経営指針の策定、さらには、社員が育つということはともに経営者が育つということであり、まさに「共育」から人材育成の重要性を学ぶことができた。

経営理念を作るにあたって、私が思い浮かべたものがあった。それは、70（昭和45）年に開催された大阪万博の会場で目にした「月の石」だった。

かつての日本人にとって、月とは夜空の彼方にあって、遠く眺めながら愛でるものであり、昭和の初めの頃の人たちまでは、その月へ行き、石を持って帰ってくるということなど、考えてもみなかっただろう。

その月の石が目の前にあるということは、人類が考え、行動し、さらに考えることを繰り返してきた、たゆまない努力の結果にほかならない。2足歩行を始めた人類は、自動車を発明し、飛行機で空を飛び、打ち上げたロケットがついに月にまで到達したのだ。

人類の誕生から営々と続けられてきて、私という存在が有ろうと無かろうと続けられていくこの人類の営みを「株式会社コムライン」の経営理念に掲げることにしよう、と私は決意した。

こうして生まれたのが「ＴＨＩＮＫ　ＤＯ　ＴＨＩＮＫ」（考え、行動し、さらに考える）である。

ここには、迫り来る不断の変化に対応していくために、全員で思考し、実行して、乗り越えていこうという願いが込められている。

２０２１（令和３）年には創業50周年を迎えたが、半世紀という節目に当たることから、変化に対応すると同時に、モノからコトへ、そして心の時代を迎えるにあたり、楽しみながら幸せな企業を目指していくとの思いを込めて「＋ｅｎｊｏｙ」を加えることにした。

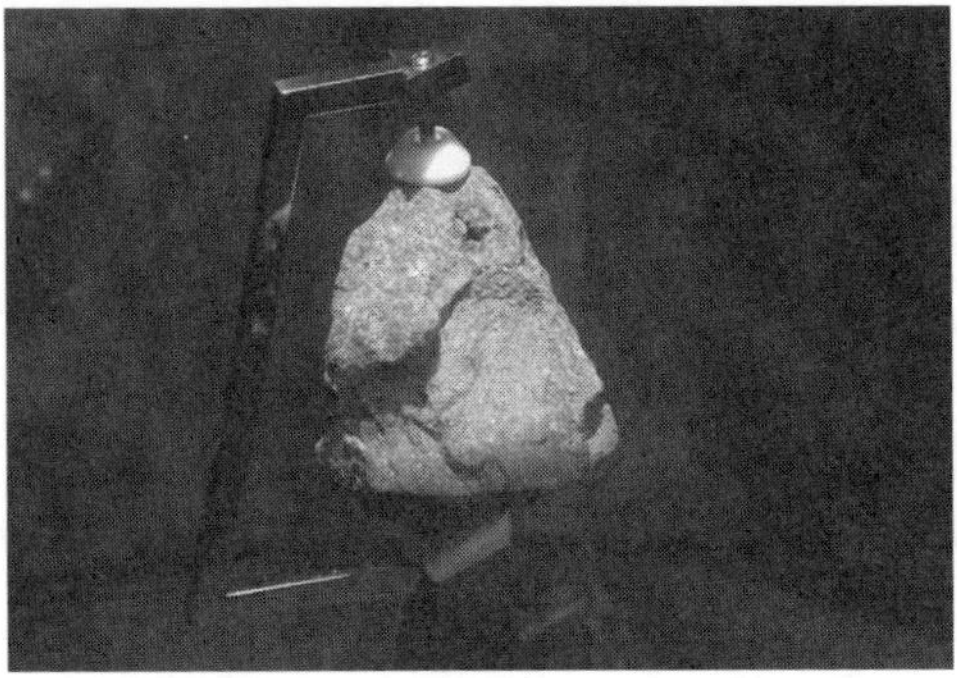

月の石

愛知中小企業家同友会の例会

定めた三つの経営方針は、人間尊重という考え方

私は家業から企業への転換を推進していくための経営理念を打ち立てると同時に、これを具体的に実践していくため、次のような「経営方針」を定めた。

1　お客さま満足主義

お客さまは価値あるものを必要とし、価値あるものに満足する。店はお客さまのためにあり、私たちの仕事はお客さまのために存在する。このため、自己都合や会社都合ではなく、お客さまの都合を第一に考えていかなければならない。お客さまの喜びこそが私たちの喜びであり、このことをわが社のお客さま満足主義と考える。

2　豊かな人間性を目指して

周囲から信頼され、他人への思いやりがあり、仕事と人生との関わりの中で、感謝する心や喜び、生きがいを見つけ出せる人。また、冷静な判断力を備え、それに基づいて自主的・創造的に行動できる人。さらに、心身ともに健康で、自らを律することができ、人との出会いを大切にして、常にリーダーシップを発揮しながら、絶えず前向きに成長を遂げていく人。わが社はそんな人づくりをめざしていく。

3　存在価値のある企業

世の中には、なくてはならないものと、ないほうがいいものがある。企業も同じで、お客さまから見て、地域にとって、世の中において、本当に存在価値のある会社、それこそが社会に広く貢献できる企業だと、わが社では考える。

　このように、「1」ではお客さまの都合を最優先に考える立場を明確にし、「2」では周囲から信頼され、他人を思いやることのできる人間として、人格を磨き上げることの重要性を訴え、「3」ではお客さまにとっても地域社会にとっても、なくてはならない会社を目指していくという方向性を示した。

　この経営方針を定めるにあたって私が大切にしたのは「何をどのように売るのかという経営戦略は必要だが、それよりも重要なのは豊かな人間性であり、社内がそういう人たちで満たされていけば、おのずと良い仕事ができるようになり優れた人たちが集まってくるようになる」という人間尊重の考え方だった。

　この三つの経営方針を実践していく流れの中で、年に1度、社員、取引先企業、銀行関係者を招いて、会社の方針を示す「コムライン経営指針発表会」を開催するようになり、ここから「QC発表大会」などの成果が生まれてくるようになる。

経営指針発表会の様子

第１回QC 発表大会

心磨きの出会い「全国掃除に学ぶ会」

この頃の私には、心磨きのための新たな出会いがあった。

愛知県中小企業家同友会には「創造経営研究会」という月1回の集まりがあり、私は忙しくてなかなか出席できなかったが、たまたま出席した時の発表者が東海神栄電子工業社長の田中義人さんだった。

田中さんが報告したのは「トイレの掃除をすると会社が良くなる」という興味深い話だった。

田中さんはバブル経済の崩壊が始まった1991（平成3）年、イエローハット創業者の鍵山秀三郎さんとの出会いがあり、「30年間、毎日欠かさないでトイレの清掃を続けてきたおかげで、人生も会社も大変良くなってきました」という言葉に衝撃を受けた。そして、田中義人さんは売り上げが急落していく危機的状況の中で近くの神社の掃除を始めたら、境内が美しくなり、神社を美しくしようという動きが広まっていった、という自身の経験を語った。

私はそれまでに、多くの経営戦略セミナーを受講していたが、ひとつの疑問を抱くようになっていた。

会社が大きくなっていくにつれて、いろいろな人が入社してくるようになったが、彼らを見ていて思ったのは「大切なのは、成績優秀であったり、知識が豊富なことだけではなく、人間性ではないか」ということだった。そんな私は田中義人さんの話に興味を抱き、93（平成5）年11月、恵那市明智町の大正村で開催された「第1回大正村掃除に学ぶ会」に妻の克代と参加した。この時の参加者は35人で、ここから「全国掃除に学ぶ会」の活動が始まっていった。

私はそこでイエローハット創業者の鍵山秀三郎さんの話を聞く機会に恵まれ、「人の嫌がるトイレの清掃を通じて、心が磨かれる。謙虚な人になることができる。気づく人になることができる。感動の心を育むことができ、感謝の心が芽生えてくるようになる」という言葉に心を動かされ、西三河掃除に学ぶ会に参加し、その活動を通じて、多くの仲間との出会いから北は北海道から南は沖縄で開催される「全国掃除に学ぶ会」にも参加するようになった。

西三河掃除に学ぶ会は学校のトイレを掃除する活動で、私は清々しさを味わい、謙虚さや凡事徹底の大切さを学び、人や物を大切にする心が芽生えてくるのを多くの掃除仲間から学び、実感した。

２００２（平成14）年にはブラジルで「第１回世界大会」が開催されて約５千人が参加し、04（平成16）年に台湾で開催された「第２回世界大会」には約１万３千人が参加した。その時に私は、台湾セブンイレブンを６０００店舗以上にした、台湾の流通の父と呼ばれる徐重仁氏との貴重な出会いもあった。

掃除に学ぶ会（前列中央左が鍵山秀三郎さん、
右が田中義人さん、後列右が筆者）

台湾の流通の父と呼ばれる除重仁氏（左）と

今庄町の歴史遺産を譲り受け「和食酒家 縁」を開店

1988（平成10）年11月、私は知立市に福井県の地酒や特産品にこだわった日本料理店「和食酒家　縁」をオープンした。事の始まりは、東濃地方の経営者を中心に結成された「21世紀クラブ」との出会いだった。

「掃除を学ぶ会」を通じ親しくなった東海神栄電子工業の田中義人さんが、この集まりの中心人物だったことから、私も活動に参加し、同年代で家庭環境も似ている新たな仲間と出会うことができた。

その田中さんが古民家の古材を活用した自宅を完成したので、すぐに見学に行き、おもむきのある懐かしい感じの落ち着いた新居に深く感動した。

私もちょうど自宅を建てたいと考えていたので、「良い古材を手に入れて、このような家を建てたいものだ」と思い、知立市商工会の前会長を務めていた共和建設工業の藤沢貞夫さんに建築をお願いした。

古材の調達先は福井県南条郡今庄町で、雪の多い季節だったが、藤沢さんと一緒に現地へおもむいた。購入する古材が決まるとすぐにトラックで運び、自宅の建築が始まった。

しばらくして、藤沢さんから「今庄にまたおもしろい物件がある」と。それは「夜叉ケ池伝説」にまつわる澤崎約老家の豪壮な屋敷で、私は藤沢さんとともに今庄町にある八飯という集落を訪れた。

「夜叉ケ池伝説」にはいろいろな言い伝えがあるが、そこで語り伝えられていたのは次のようなものだった。

この地が日照りに苦しめられていた時、雨を降らせた者に長者は娘を授けると言った。すると竜神の化身の夜叉丸が現われて「雨を降らせたら娘をくれるか」と村の長者に迫った。長者が同意すると、恵みの雨が降り注ぎ、村はよみがえった。夜叉丸は約束通り長者の娘と結ばれ、子どもが生まれた。その子は夜叉丸から接骨の術を教わって澤崎約老を名乗り、子孫は代々医師としてその名を襲名してきた。

幕末期に活躍した澤崎約老は、落馬して骨折した井伊直弼を治療したことから、彦根城にあった馬上門を拝領された。また、彦根藩の御殿医を務めたとも伝えられている。

私は今庄町の貴重な歴史遺産とも言うべき屋敷と馬上門を譲り受け、知立市上重原町に移築して、「和食酒家 縁」として活用することにした。店の名づけ親は、親交のあった仏教詩人の坂村真民先生である。

四季折々の日本料理を提供しているが、店名が物語っているようにいろいろな人の「縁」の連なりから生まれた店であり、訪れた人が「良い縁」に恵まれることを日々祈っている。

完成した「和食酒家　縁」

縁の店内「絆ホール」

「安さより地域密着」回転寿司二極化に向けての選択

１９８６（昭和61）年に回転寿司《すし》レストランとしてオープンした「あいデリカ三好店」は、当初はアトムボーイとの競合にあい低迷が続いて苦戦を余儀なくされていたが、従業員の粘り強い努力が実って、次第に知名度が向上していき、３年ほどすると競合店をしのぐまでになった。

しかしながら、先行きを展望してみると、回転寿司業界は二極化へ大きく動き出そうとしていた。

二極化のひとつの極は、「１００円均一寿司」に代表されるように安さが売り物の店であり、徹底したコストの削減によって、より安く提供することを目指している。

「１００円均一寿司」は薄利多売で経費・人件費削減のためのシステムを導入

して、画一的商品を提供することにより、多店舗出店の必要がある。やがては全国に出店して、規模拡大のためのし烈な競争を繰り広げていくことになる。

二極化のもうひとつの極は、地域密着のグルメ回転寿司店である。

日本には全国各地においしい魚の産地があり、食習慣や味の好みもそれぞれの地域によって異なる。このような地域の特色を生かしながら、鮮度の良い地元のネタを調達し、その地域ならではの味を提供して、地域の人たちや観光で訪れた人たちに愛されている回転寿司店が、全国各地にある。

ひとつの極の回転寿司店には、ネタを集中加工するため工場が必要であり、もうひとつの極の回転寿司店では、新鮮なネタを仕入れるため、地域密着の仕入れルートを確立することが先決であり、その生き方は同じ回転寿司店でも大きく異なる。

どちらの極を選択するのか、方向性を鮮明にしていく必要がある、と私は考えた。答えは当然のことながら、地域密着のグルメ回転寿司店だった。

そこで、もう一度寿司の原点に立ち戻って、本来の寿司の魅力である「握りたて」「さばきたて」「揚げたて」「焼きたて」にこだわる店のあり方を徹底追求していくことにし、そのためのプロジェクトチームを立ち上げた。

メンバーは、この頃は常務だった私の弟の新美定久、課長だった青木隆幸、店長だった川井明の3人で、より進化した業態の店へと大きく変革させていくために、店のコンセプトを一から練り直していくことにした。

寿司の魅力は握りたて

藁焼きショー

２０００年「魚魚丸」誕生。メディアにも注目される

グルメ回転寿司《すし》の店としてより進化した業態を確立していくため、プロジェクトチームは原点に立ち返って、店のコンセプトを基本的なところから練り上げていった。

その結果、魅力ある新しい店の形を作り上げていくために、次のような取り組みを推進していくことにした。

・より鮮度の高い鮮魚の仕入れルートを開拓していく。
・オープンキッチン方式を採用して、寿司を握る、卵焼きなどを焼く、てんぷらを揚げるといった調理の様子が、お客さまの側から確認できるようにする。
・来店客に歓迎のための声掛けをしたり、お客さまと料理人が対話できるよう

にする。

このように、単においしい料理を味わってもらうだけでなく、ライブ感あふれる、楽しい、生き生きとした店へと大きくかじを切っていくことになった。

このような非日常の方向性を打ち出したことにより、ここからさまざまなアイデアが生まれてきて、やがて「マグロの解体ショー」「カツオの藁焼き」やお客さまに料理の売り値を決めていただく「魚魚せり市」など、人気の店内ショーを展開していくことになる。

それまでのイメージを一新するため、ようやく浸透してきた店名も思い切って変更することにし、「魚魚丸《ととまる》」と名づけた。

一番の売り物である「魚」の文字を印象的に、親しみやすく用いているのに加え、「丸」という文字には「漁船のイメージ」や「鮮度の良い魚が回転するというイメージ」があるので、「これに勝る店名はないだろう」と判断して決定した。

　こうして２０００（平成12）年2月26日、「あいデリカ三好店」をリニューアルして「廻鮮江戸前すし魚魚丸」の1号店が誕生した。

　その効果は驚くべきものだった。誕生すると同時に「魚魚丸」は多くのお客さまを引きつけ、評判となり、リニューアル前に比べて80％アップ、すなわち2倍近い売り上げとなったのだ。

　そこで、この勢いに乗って、「知立店」と「三河安城店」も「魚魚丸」に相次いで転換していった。

　評判はたちまちのうちに広がり、さまざまなメディアに取り上げられて評判はさらに評判を呼び、01年7月期の売上高は初めて20億円の大台を突破した。

　こうしたチャレンジにより、外食産業の専門誌『日経レストラン』にも注目企業として掲載され、コムラインの存在は全国的にも知られていった。

鮮度重視のコンセプト

「魚魚丸」の知立店

時代を先読みし、ビデオ・パソコン事業からの撤退を決断

「あいデリカ」から「魚魚丸」への業態転換は、予想以上に順調なスタートを切ることができた

過去にこだわることなく、世の中の変化を先取りして、大胆な決断をしたことが功を奏したわけだが、これに続いて、私はもうひとつの果敢な決断を下した。

経営の多角化のために展開してきたレンタルビデオショップやパソコンショップ、携帯電話ショップを閉鎖したり売却して、これらの事業から完全に撤退することを決めたのだ。いわゆる選択と集中である。もちろん、これについては私なりの読みがあった。

ビデオのレンタルやパソコンの販売は、普及率が10％を超えてくると、ビジネスの環境は激変してくる、と私は考えた。進出したくても時期尚早だとして我慢していた大手が、一斉に参入してくることになるからだ。

そうなれば、それまでは売り場面積が１００坪でも大きな店だったが、規模の拡大競争が急速に進んでいって、５００坪、１千坪の店舗が当たり前になってくる。巨大な店舗を次々に展開していくには、そのための資金が必要であり、たとえ先行企業でも、中小企業では太刀打ちできなくなるのは必至だった。

一度始めた商売から手を引くことには辛いものがあり、こだわりを捨てることができなくて、全国の商店街から多くの店が消えていった。

ビデオやパソコンのみならず、持ち帰りずしやアイスクリームの「シャトレーゼ」の時もそうだったが、私は時流を先取りすることに興味があると同時に、「そろそろこのあたりが潮時では」と判断すると、思い切って撤退を決断することができたのだ。

この話をほかの人にすると「よく決断できましたね」と言われることが多いが、これは商売人としての勘なのかもしれない。

普及率10％の法則については、ビデオやパソコンに限らず、メーカーが製造した製品を売るだけの商売であれば、どのような商品についても言えることであり、中小企業がそのような商売に関わっていいのは、普及率が低い段階にある時に限られる。

それに対して外食産業は、提供する料理は自分たちで作り出す、すなわち自分たちがメーカーになることなので、知恵と工夫次第で規模の拡大競争に巻き込まれることなく、自らの生き方を選択できる。グルメ回転寿司というビジネスを追求していくためには、自分の土俵を作る事で地域のお客様に愛される、地域密着型の外食産業に特化していこうと決意した。

主力業態「魚魚丸」に並ぶお客さま

マグロ解体ショー

「ラグーナ」出店により大繁盛
「魚魚丸」多店舗化に拍車

好調な滑り出しとなった「廻鮮江戸前すし魚魚丸」に、思いがけない幸運が舞い込んできた。蒲郡市で開発が進められていた複合型リゾート「ラグーナ蒲郡」（現在のラグーナテンボス）の主要施設のひとつ、アウトレット型ショッピングセンター「フェスティバルマーケット」への出店要請があったのだ。

しかしながら、当初はこれが幸運なことだという認識はまったくなく、お断りしていたが、運営会社の蒲郡海洋開発から熱意あふれるお話が再三あり、お受けすることになった。

中部地区最大級の「ラグナマリーナ」、テーマパークの「ラグナシア」に続いて、２００２（平成14）年5月に「フェスティバルマーケット」がオープンし、ここのシーサイドレストラン1階に「廻鮮江戸前すし魚魚丸・さざ波亭」を、2階にバイキングレストランの「ココモビーチ」を出店した。

このラグーナへの出店は大成功だった。オープンすると同時に行列が絶えない人気の店となり、広域からの来店があった。このため、「魚魚丸」の名前は業界関係者だけでなく、消費者にも広く知られるようになっていった。

開店から一年ほどした頃、当時、経団連会長だった豊田章一郎さんがご家族8人と視察を兼ねていらっしゃったことがあった。とても美味しいと大変喜んでいただき、トヨタ関連企業の方にもお話されたようで、デンソーやアイシンの方々にも来ていただだいた。トヨタ自動車社長の章男さん（現会長）もご友人といらっしゃった、おかげさまで魚魚丸はずいぶん世間に知られるようになった。

既存店の「三好店」「知立本店」「三河安城店」もリピーター客の増加に加え

て、評判が口コミで広がっていき、とりわけ「知立本店」は、土日に約８００人が来店して、70席が13回転するほどの人気の店となった。こうしたことから、各方面からの出店要請が次第に増えていき、「魚魚丸」の多店舗化に拍車がかかっていくことになる。当初の出店エリアは三河地方が中心で、03（平成15）年には「刈谷店」、04（平成16）年には「大府店」「幸田町三ヶ根店」「岡崎店」「豊田店」と一気に4店舗を出店した。さらに、05（平成17）年の「豊川店」、07（平成19）年の「高浜店」に続いて、08（平成20）年には「イオンモール東浦店」「イオンモール岡崎店」、09（平成21）年には「豊橋店」「常滑店」と三河のみならず尾張地方にも出店エリアを広げていくことになる。

　このように主力業態の「魚魚丸」の躍進に加え、後に記すことになるが、積極的な外食事業の多角化によって、コムラインの売り上げは右肩上がりの伸びを続けていき、08年7月期は40億円の大台を突破した。

豊田章一郎さんと

ラグーナに出店した「魚魚丸・さざ波亭」

「グルメ回転寿司」の原点を活かしつつ、数々の新たな試みに挑戦

三河地方に加えて尾張地方へと出店エリアを拡大し、積極的な多店舗化を推し進めていく一方で、「魚魚丸」をより良い店へと進化させていくための試みを積み重ねていった。

２０１０（平成22）年にオープンした「岡崎北店」と「西尾店」では、高速レーンを導入した。

「魚魚丸」の進むべき道は、１００円均一の回転寿司《すし》ではなく、新鮮なネタを目の前で握って提供する「グルメ回転寿司」だが、少しでも速く食べたいというお客さまの要望に応えるため、これに高速レーンを融合させ、グルメと速さを両立させた「ハイブリッド型店舗」を目指した。

また、11（平成23）年オープンの「豊田十塚店」と12（平成24）年オープンの「瀬戸店」では、この頃ブームになっていた炉端焼きのコーナーを設け、流行への対応を試みた。

「ハイブリッド型店舗」ではその後、タッチパネルを導入し、注文した好みの商品を高速レーンで受け取るというように、でき立て感と効率化をより両立させた店舗へと進化を遂げていくことになる。

このように新技術を導入し、新しい提供方法を確立していくことは重要だが、あくまでも「魚魚丸」の原点は「グルメ回転寿司」として常に新鮮な食材を調達し、鮮度の高い「できたての味」を提供していくことにある。

このため、三河湾のマダイやクルマエビ、メヒカリ、大アサリ、コチ、シラス、ウナギといった魚介類をはじめとして、酢、シャリ、しょうゆ、みそなど、地元の特産品へのこだわりを重視しているのに加え、全国の漁港から四季折々の旬の食材を取り寄せている。

こうした方向性をさらに進化させていくため数々の新たな試みに挑戦している。新鮮な味を満喫しながら団らんのひと時を過ごしていただくのはもとより、「おいしいは幸せ」をコンセプトに掲げて、非日常の食空間を楽しんでもらうためのエンターテインメント性あふれるさまざまな取り組みを行っている。

それが店内で繰り広げられる巨大なマグロの「解体ショー」や、目の前でタタキを作るための炎が燃え上がる「カツオのわら焼きショー」、さらにはホタテ貝を自分で釣ってその味を楽しんでもらう「ホタテ釣り」、お客さんにセリで料理の値段を決めてもらう「魚魚せり市」などだ。

演出には独自の知恵と工夫を凝らしており、ここからお客さまと従業員が一体となった楽しい空間が生まれ、忘れられない時間、非日常をともに過ごすことになる。

豊浜漁港

人気の「マグロの解体ショー」

和洋食・うどん・ベーカリーなどさまざまな業態を手掛ける

コムラインの主力業態である「魚魚丸」を多店舗化し、その進化に挑戦していくのと並行して、私はさまざまな外食事業を展開していった。

かつて「一本の足では倒れやすいが、3本、4本の足なら倒れにくい」という考えから、経営の多角化に乗り出したが、事業内容を外食産業に絞ってからは、外食事業の多角化を推し進めている。

2000（平成12）年以降、イオンのアイモール三好店に持ち帰り寿司《すし》の「大漁船」、和食の「浪漫食堂」、洋食の「太陽キッチン」を相次いで出店したのに加え、01（平成13）年には名鉄知立駅前に無国籍料理の店「アジアン厨房」をオープンした。

さらには、石川県宇野気の古民家を移築して作った魚釣りレストラン「喜魚喜魚」や、できたてのうどん店「豊田製麺所」「刈谷製麺所」「高浜製麺所」、どんぶり専門店の「丼 toどん」などを手掛けてきた。

08（平成20）年にアイモール三好店に出店した「おめで鯛焼き本舗」は、6坪（約20平方メートル）の小さな店ながら月商が1千万円近かったことから、日本一に輝いた。そしてシャオ西尾店、イオン東浦店、イオン岡崎店にも出店した。

その後もサンドイッチの「SUBWAY」、炭焼き鳥居酒屋の「福ふく家族」、大型ベーカリーの「石窯工房パンのかおり」などを手掛け、創業50周年の21（令和3）年までに111店舗を出店したが、スクラップ・アンド・ビルドを繰り返してきた結果、この時点で営業していたのは42店舗となり、実に約6割の店をスクラップしてきたことになる。

このようにさまざまな業態を手掛けてきたのは、常に新しいものに興味を示す私の性格も原因しているが、それだけではない。

私が生まれ育った時代には、食事は家で作るのが当たり前とされていた。しかし、女性の社会進出が進んでいくにつれて、家で料理を作る時間が減少し、外食産業の発達によって、外食のほうがかえって安くすむようになってくると、利用する人が増えていき、外食は日常生活に不可欠な要素となってきた。

しかも、かつての食事では家族みんなが同じ料理を食べていたが、食の多様化が進んできた今では、それぞれが好きなものを食べたいと思うようになっている。こうした流れに対応していくには、常に時流を読み、今はどういう店が求められているのかを、絶えずウオッチしていく必要があるのだ。

パンのかおり知立店

大型ベーカリー「石窯工房パンのかおり」の店内

第三章　経営体制を再構築して震災支援へ

出店攻勢のなか、支えてくれた実弟との別れに落ち込む

２００２（平成14）年８月16日、私は最大の試練に見舞われた。私の右腕とも言うべき実弟で常務の新美定久が死去したのだ。

定久はその５年前から胃がんとの闘いを続けており、５年後には治療の効果があって、いったんは「もう大丈夫」と安堵《あんど》することができたが、リンパへの転移により、帰らぬ人となってしまった。

私は４男１女の５人兄弟で、男子は長男が私、次男の雄三は岡崎信用金庫に勤め、３男の政也は父の鉄工所を手伝っていた。

定久は４男で、私とは10歳年齢が離れており、最初は大阪の薬品会社に勤めていたが、フランチャイズチェーンに加盟して持ち帰り寿司《すし》の店を始めるにあ

たり、呼び戻すことになった。

この持ち帰り寿司の店は、経営の多角化の第1弾であると同時に、コムラインの最初の外食事業であり、この業態を見直すことによって独自の持ち帰り寿司店の「あいデリカ」となり、さらに見直しを進めて、現在の主力業態の「魚魚丸」の誕生となったわけだが、こうした重要な局面にはいつも定久の活躍があった。

レンタルビデオショップやパソコンショップ、さらにはアイスクリームと洋菓子の「シャトレーゼ」の運営も定久が主導したものだった。

定久が亡くなった年の5月には、ラグーナ蒲郡のフェスティバルマーケットへ「廻鮮江戸前すし魚魚丸・さざ波亭」とバイキングレストランの「ココモビーチ」を出店し、予想を上回る反響に驚いたが、その喜びの絶頂から3カ月後、私は悲しみのどん底に突き落とされたのだ。

このラグーナへの出店の成功によって「魚魚丸」の知名度は一挙に広まっていき、これを契機として「魚魚丸」の多店舗化が加速化していったわけだが、ともに歩んできた定久がその展開の様子を目にできなかったことは、返す返すも残念でならない。

しかも、この時の私の身に降りかかってきた不幸はこれにとどまらなかった。前年には母ちず子を、翌年には父芳一を亡くし、私は3年続けて、かけがえのない身内を送り出さなければならなかった。

私はすっかり落ち込んでしまい、定久亡き後のコムラインをどのようにすべきかを思い描くことができず、多くの人に迷惑をかけるので実際にはできるはずもないのだが、「すべての事業から撤退してしまおうか」との考えがよぎったほどだった。

大切な右腕だった弟、定久

遍照院の慰霊碑

「一時の感情に負けて決断を誤ってはならない」と決意を新たに

私の右腕とも言うべき弟で常務の定久を亡くした私は、落胆の大きさから「すべての事業から撤退してしまおうか」との考えがよぎったほどだったが、そんな私を支えてくれたのは従業員のみなさんだった。

元気のない私に「みんな頑張りますから」と、会う人ごとに応援する気持ちを伝えてくれたのだ。取引先や友人知人も「悪いことの後には良いことが必ずやってくるものです」などと励ましてくれた。

私はこのような周囲の人たちの思いに応えるために、「お客さまの期待や、従業員のみなさんの信頼を裏切ってはならない。一時の感情に負けて、リーダーとしての決断を誤るようなことがあってはならない」と思い直し、気持ちを切り替えて「何としてでもこの難局を乗り切っていく」と決意を新たにした。

その時の私にとって幸運だったのは、「魚魚丸」の評判が良く、知名度も高まってきて、出店要請が増えてくるタイミングにあったことだった。

コムラインの売り上げの推移をたどってみると、2001（平成12）年7月期に20億円の大台を超えたが、それから3年間は横ばいや微増が続いていた。

ところが、05（平成16）年7月期から大幅な増収増益に転じ、この期の売り上げは30億円の大台を突破することができた。

その後も増収増益を続けていき、3年後の08（平成19）年7月期には40億円の大台も突破することができたのだ。

業績好調が続いて、臨時ボーナスを年に3回支給した年もあったほどで、失意のどん底にあった私を励ましてくれた友人知人が言っていたように「良いこと」がやってきたのだった。

出店攻勢を続けていくにつれて、新たな問題も浮上してきた。外食産業はいわゆる日銭が入り、支払いはその後なので、それまで資金繰りに窮したことはなかったが、出店数が増えてくると、それまでのやり方だけでは限界が見えてきた。

そんな私に金融機関が紹介してくれたのは、「中小企業の自己資本の充実を促進し、その健全な成長発展を図ること」を基本理念に掲げている名古屋中小企業投資育成会社だった。

ここからの支援を受けるには、財務体質の改善という難関を乗り越えていかなければならず、厳しい指導と審査を経て、ようやく転換社債を引き受けてもらうことができた。これによって金融機関からの信用が飛躍的に高まり、以後、資金繰りに悩むような事態は経験していない。

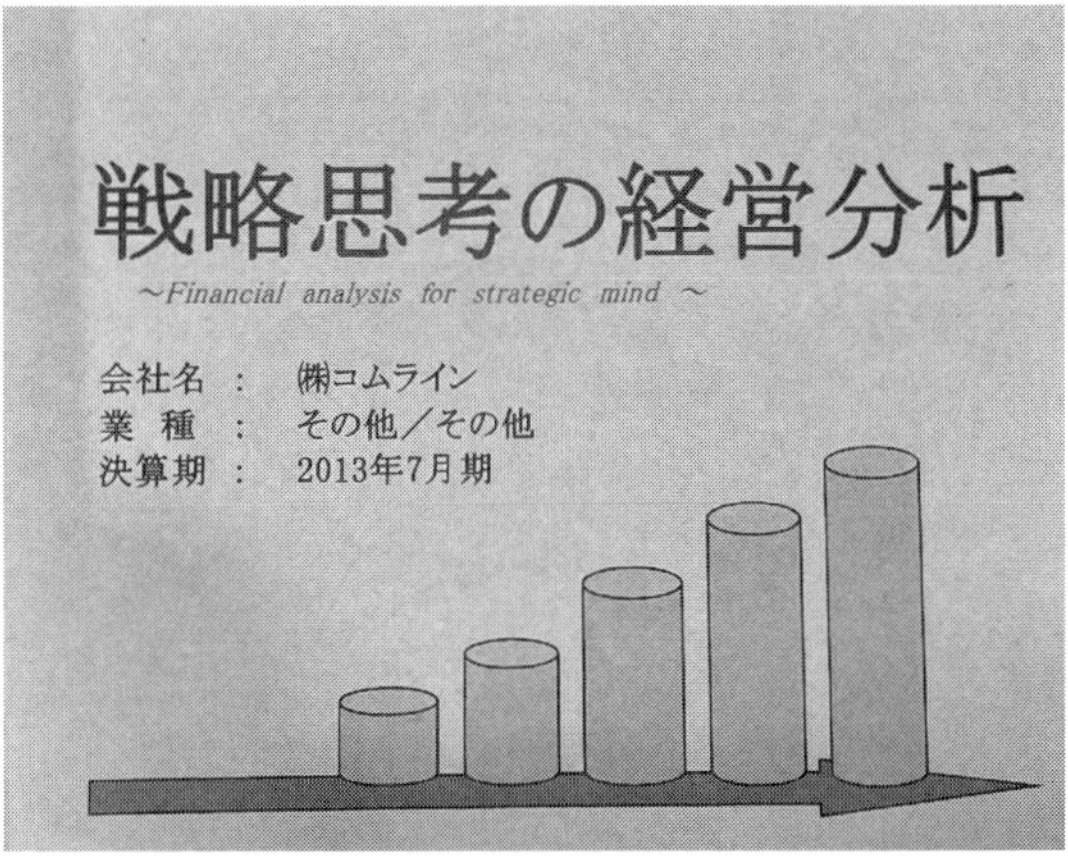

名古屋中小企業投資育成による経営分析を受けた

60歳を機に後継者を入れ、経営管理体制を再構築

２００６（平成18）年11月、私は60歳になった。還暦という人生のひとつの節目を迎えた私は、自分自身についてのみならず、創業者として、コムラインの行く末についても思いをめぐらした。

私と二人三脚でさまざまな試みに挑戦してきた弟の定久が亡くなってから、すでに4年が経過しており、私は時を経るごとに、私を支え、ともに歩んでくれる経営者の必要性を強く感じるようになっていた。

さらに企業の永続性ということを考えれば、私の志を継いで、コムラインを成長発展させていく後継者を育て上げるべきであり、翌２００７（平成19）年5月、経営体制の再構築に踏み切った。

会社勤めをしていた長女の北中かおりを入社させ、名古屋銀行ＯＢの松永晃

三さんを経理責任者として迎え入れたのに続いて、岡崎信用金庫に勤めていた弟（次男）の新美雄三に来てもらい、総務部長になってもらったのだ。

私はどちらかといえば営業畑の人間なので、松永さんには財務・経理部門を、弟の雄三には総務・業務部門を見てもらい、管理部門を強化することによって、私が心置きなく行動できるような組織づくりを目指した。

続いてこの年の10月、長女かおりの夫である北中一朗がコムラインに入社した。私の後継者含みとして来てもらい、副社長を経て、２０２１（令和３）年9月から社長を務めている。

北中一朗はそれまで、トヨタ系の大手部品メーカーに勤めており、フードサービス業はまったくの未経験だったので、中小企業大学校東京校の経営者コースに入学し、経営の基礎知識や後継者としての心構え、リーダーシップを学び直すところから始めてもらった。

こうした準備期間を経て、北中一朗は香川県のうどん店で社員とともに修行して、できたてのうどん店「刈谷製麺所」「高浜製麺所」「豊田製麺所」を立ち上げたり、炭火焼き鳥居酒屋「福ふく家族」の出店を手掛けるなど、出店や退店、業態転換、成功と失敗を実践経験し、フードサービスについて多くを学んでいった。

管理部門を担当するようになってからは、それまでの経験を生かして新しい人事制度案を作成し、これに基づいて抜本的な組織改革に取り組んだ。さらに、人間性を重視した人事評価制度の導入や教育研修の制度化を推し進めるなど、フードサービスにとっての貴重な財産である人づくりに力を入れている。

総務部長の新美雄三（左上）と経理責任者の松永晃三（右上）
現社長の北中一朗（左下）と長女の北中かおり

還暦を期に三河湾１００キロウオークに参加し、29時間で半生を振り返る

安城市の七福醸造は、良質な白だしのメーカーとしだけでなく、コロナ禍では中断しているが、１００キロウオークを主催する企業としても知られている。

西三河そうじに学ぶ会のメンバーであることから、私は１００キロウオークについてもよく聞かされており、２００７（平成19）年10月に開催された「三河湾チャリティー１００km歩け歩け大会」に参加した。

同年齢の今津政直君と野々山和彦君を誘い、水戸黄門を演じてご老公、助さん、格さんの衣装をまとって渥美半島を目指した。

コースは、碧南を出発して豊橋を経由し、伊良湖岬までの１００キロ。人は

一般に1時間で4キロ歩くと言われているので、100キロであれば25時間かかることになる。1日は24時間なので、一睡もすることなく1日強を歩き続けなければならない。

それがどれほど過酷なことなのか、想像することさえできなかったので、私は時間があれば、知立から岡崎まで、あるいは名古屋までを歩いてみたりした。名古屋までは約30キロ、岡崎までは約10キロなので、もちろん、その日のうちに到着することができる。したがって、足腰の鍛錬にはなっても、眠らないで歩き続けることのトレーニングには到底なりえなかった。

当日の参加者は500人ぐらいだったと記憶している。30時間を越えたら失格になるが、6割以上の人が歩き抜き、速い人は22時間くらいでゴールインできたという。私達三人だが、私と今津君は完走できたものの、残念ながら野々村君はリタイアとなった。私のタイムは29時間だった。

途中には水や簡単な食べ物をくれるポイントが設けてあったが、自分の前にも後ろにも誰もいないという孤独な時間が一番長く、そんな時にはいろいろなことを考えたり、子どもの頃のこと、両親のこと、定久のことが次々に思い出され、涙があふれ出てきた。

うれしかったのは、中間地点の豊橋で、家族や会社の従業員のみなさんが心配して、応援に来てくれたことだった。

このようにいろいろな感情が揺れ動き、自身の半生を振り返ることのできた29時間だったが、不思議なことに、ゴールした瞬間にはあっという間の出来事のようにも思えた。

100 キロウオークに参加

100 キロウオークを歩き抜く

震災支援のため「東日本救援隊」を結成。石巻市を拠点に活動開始

２０１１（平成23）年３月11日午後２時46分に発生した東日本大震災は、マグニチュード９・０、震度７強の揺れが大津波を引き起こし、２万２千人余の尊い命を奪い、家屋や暮らし、産業や都市機能を押し流して、歴史的な大惨事をもたらした。

この悲惨な光景を目の当たりにした人たちは居ても立ってもいられなくなり、早い人はその日のうちに準備を整え、混乱を乗り越えながら被災地へ向かった。そして、支援の輪はたちまちのうちに世界へ広がっていった。

災害の大きさが分かれば分かるほど、私も何ができるのかを自身に問いかけ、「日本を美しくする会」や「西三河掃除に学ぶ会」の仲間と話し合った。

1995（平成7）年1月17日の阪神・淡路大震災の時も、掃除に学ぶ会の仲間と行動を共にしたからだった。

この時の私は妻と2人で神戸へ行き、持参していった食材でいなりずしを作って配るなどの活動を行った。2016（平成28）年4月14日の熊本地震の時は、日本を美しくする会九州ブロック長の鎌田善政さんを通じて義援金を手渡した。

一方、東日本大震災の被災地はあまりにも広く、十分な情報収集が必要だったので、私たちが宮城県石巻市を支援先として活動を開始したのは1カ月後の4月7日のことだった。

現地の状況を知ることを兼ねて、まずは先発隊を送ることにした。「西三河掃除に学ぶ会」と「名古屋掃除に学ぶ会」の4人が大型ライトバンに灯油、軽油、靴下、下着類、タオル、熱さまシート、土のう袋、調理済み焼きそば、菓子類などの救援物資を積めるだけ積み込んで、夜8時に出発した。

東北自動車道が途中で交通止めになっているとのことだったので、長野自動車道から信越道、北陸自動車道を経由して新潟に入り、そこから磐越道、東北自動車道を経て仙台まで行き、三陸自動車道で石巻へ入るというルートを選択した。だが、余震や混乱の続く中で予定通りに進むことはできず、この先がどうなるのか分からない一般道を経て、何とか目的地へ到達し、避難所へ物資を届けることができた、と連絡が入った。

この先発隊が得た現地の情報を参考にして「日本を美しくする会東日本救援隊」を結成し、私が隊長を務めることになった。

4月27日、東日本救援隊は、碧南市から借りた災害用のテント3基(男子用、女子用、ちゅうぼう兼食堂に使用)を石巻専修大学キャンパスに張ってベーステントを設営し、7月末まで約3カ月間に及ぶ支援活動を始めた。

被災地でボランティア活動

東日本ボランティア

手つかずの雄勝町立浜地区に支援先を絞りこみ、全力注ぐ

石巻専修大学キャンパスにベーステントを設けたが、当初はどのように活動すればいいのか分からなかったので、同キャンパス内に設営されていた石巻市災害ボランティアセンターに登録して、毎日の作業の場所や内容についての指示を受けた。内容は、泥出しや家財の取り出し、がれきの撤去が中心だった。

朝6時のラジオ体操に始まって、ミーティングと朝食をすませると、仮設トイレの清掃をし、ボランティア作業に出発。帰ってくると、自衛隊が用意してくれた風呂で入浴、夕食、ミーティング、就寝という規則正しい生活を続けていた。

こうした日々の中で思い出に残っているのは、木ノ屋石巻水産の泥の中に埋

まっていた60万個の缶詰の掘り出し作業だった。

震災からすでに2カ月近くが経っていたので、水産関係特有の腐った泥が異臭を放ち、臭いは着ている服にまで染み込むほどだった。缶についたこの泥を落としてきれいに洗浄する作業のお手伝いに、私たち東日本救援隊も参加した。

この缶詰は「希望の缶詰」として東京などで売り出したところ、完売することができたという。この話を聞いた時には、「お役に立ててよかった」という喜びが込み上げてきた。

このように石巻市ボランティアセンターの指示に従って活動していた期間を第1段階とするならば、6月5日からは第2段階が始まっていった。

石巻市内中心部から車で45分ほどの所にある石巻市雄勝町立浜地区には、どこのボランティアも入っておらず、孤立状態にあることを知って、私たちはこの立浜地区の支援に的を絞り、全力を注ぐことにしたのだ。

立浜地区は雄勝湾の奥に位置しているため、18メートルにも及ぶ巨大な津波に襲われ、家屋のほとんどのみならず、港も漁船も漁具も流失してしまい、まったくの手つかずの状態になっていた。

このため、私たちは家屋の片づけから、泥出し、がれきの撤去、がれきの分別を延々と続けていかなければならず、掃除に学ぶ会の教えのひとつである「一つ拾えば一つだけきれいになる」を合言葉に、黙々と作業を続けていった。

毎朝、ベーステントから立浜地区へ向かう途中には石巻市立大川小学校があった。児童108人のうちの74人、教員10人が津波に流されて亡くなった学校であり、私たちはそこに立ち寄って、全員で慰霊碑に合掌してから立浜地区へ入っていった。

大川小学校慰霊碑

被災地で目にした雄勝町公民館光景

立浜復興プロジェクトを立ち上げ、漁業復活への資金を調達

立浜地区へボランティア活動に入った当初は、現地の漁師さんたちと会うことはほとんどなかったが、がれきが片付くにつれて立浜地区の皆さんと互いに声を掛け合うようになっていった。

雄勝湾には13の漁村があり、その中でも立浜地区はいち早く漁業が復活し始めた。東日本救援隊の活動も終わりを迎えようとしていた。7月30日に石巻専修大学キャンパスに設けていたベーステントを撤収した。期間中、このベーステントに宿泊、食事をとり、3千人以上がボランティア活動に参加してくれた。

翌日の31日には打ち上げを兼ねて、立浜地区のみなさんと交流会を開催し

た。浜の近くの空き地にテントを張って、紅白の幕で会場を飾り、愛知県から魚魚丸の寿司《すし》職人も駆けつけて、握り寿司や天ぷらをふるまい、マグロの解体ショーも披露した。会場には笑顔があふれ、今日が最後だと思うと別れがたく、心が通い合うにつれて、漁師さんたちとの信頼関係はより深いものになっていた。

私たちは「これで終わりにしてはいけない。がれきの撤去にとどまらず、暮らしを立て直すために、もう一歩踏み込んだ復興支援をしなければならない」との思いを強くした。立浜の暮らしを立て直すには漁業を復活させなければならず、そのためにまず必要なのは資金であり、これを調達するための「立浜復興プロジェクト」を立ち上げた。

雄勝湾はホタテの養殖に優れた条件を備えており、震災以前はホタテやカキ、ホヤの収穫量では全国有数の漁獲量を誇る産地として知られていた。このかつての姿を、何としてでも取り戻さなければならない。

このため、私たちは「1口1万円の支援金を提供してもらえば、ホタテが獲れた時に3千円分のホタテをお届けする」という約束のもとに資金集めを開始した。目標金額は500万円と設定した。

賛同を求めるためのチラシを作成し、ボランティア活動に参加してもらった人、全国の掃除に学ぶ会の同志のみなさん、友人、知人に協力をお願いした。ホタテをお届けできるかどうかはまったくの未知数だったので、目標金額を集める自信はなかったが、善意の気持ちが次々に寄せられて、3カ月間で116万円という予期せぬ金額を集めることができた。

これを復興に向けて動き出していた立浜の漁師さんに直接手渡したくて、私たちは現地へ赴き、2012（平成24）年1月30日、贈呈式を行った。

宮城県石巻市雄勝町立浜支援　【企画】東日本救援隊

雄勝湾 Touch《タッチ》!Hama《ハマ》 海の幸支援

タッチ浜会員募集　宮城県石巻市雄勝町立浜は雄勝湾に面する豊かな漁場の小さな漁村です。良質なホタテや牡蠣、ホヤ貝の漁獲量では全国有数の産地でしたが、震災により壊滅的な被害をもたらしました。私達は立浜の皆様が苦難を乗り越えようと立ち上がっている姿に感動し、ボランティア活動のご縁で心の絆として繋がった立浜の漁業復興の為の支援、タッチ浜会員を募集しています。

会員になって頂いた皆様から1口1万円の支援金を募り、漁業復興の為の資金等に充てさせて頂き、海産物が収穫でき次第(約3,000円相当1回)を会員の皆様に発送させて頂きます。

尚、海産物の発送は早くても種貝の育成の様子により、2012年以降になるようです。

雄勝町立浜地区の支援を呼びかけたチラシ

7月31日に開催した打ち上げ

大祭や養殖の手伝いなどで絆が深まり、立浜は第二の故郷となる

私たちと立浜地区のみなさんとの絆はさらに深まっていき、６００年の伝統を誇る「北野天満宮の春の大祭」を〝復興祭〟と銘打って開催し、村の復興を勢いづけたいので、ぜひ協力してほしい、との依頼を受けた。

国の重要無形民俗文化財である「雄勝法印神楽」を奉納し、５００キロもある神輿《みこし》が練り歩く行事だが、その神輿の担ぎ手がいないので、これも何とかしてほしい、とのことだった。

私たちは、どうせやるのならにぎやかな祭りにしようと、企画や準備も含めて引き受け、30人ほどの担ぎ手もを集めることができた。

私たちは愛知県から現地へ向かった。２０１２（平成24）年5月11日から14

日までの1泊4日、すなわちバス内で2泊するという強行スケジュールだったが、大祭当日は好天に恵まれ、600年の伝統がよみがえる感動的な祭礼となった。

この年の8月には、「震災直後に仕掛けたホタテの稚貝が出荷できるところまで成長した」との連絡が入ったので、水揚げと出荷を手伝うため、16人が立浜へ向かった。

雄勝湾周辺には漁業を生業とする集落がたくさんあるが、春の大祭で漁師のみなさんが勢いづき、この地区では立浜が一番早く出荷できるまでになった、とのことだった。

まだ震災の翌年であり、現地の生活環境は整っていない状態にあったが、「水揚げしたホタテはすべてお礼として、支援金を提供していただいた全国の皆さんに発送したい」という組合長の末永千一郎さんの言葉に、思わず胸が詰まった。

支援金は1316万円だったので、立派に育った新鮮なホタテのパックを1316個出荷した。

11月には、ホタテの稚貝に小さな穴をあけ、そこに樹脂製のピンをさして養殖用のロープにぶらさげていく「耳吊り作業」を手伝いに行った。

それ以降も毎年、がれきの撤去、北野天満宮の春の大祭、社や境内、参道の清掃、ホタテの耳吊り、ピン切り、水揚げ、ワカメの水揚げなど、機会あるごとに立浜を訪れた。

残念なことに、20（令和2）年からはコロナ禍で行くことができなくなってしまったが、竹中さん、杉浦さん、そして私はこれまでに40回ほど現地を訪問している。もちろん、立浜の水産物を愛知県の店舗で提供する交流も続けており、私にとっての立浜は第二の故郷とも言える場所になっている。

組合長の末永千一郎さん（左）へ目録を渡す筆者

北野天満宮の大祭で、宮守の末永陽市さん（右）と

社員が自発的に取り組んで「コムライン掃除に学ぶ会」が発足

私が隊長を務めた東日本救援隊には、コムラインの社員も参加した。あれほどまでの悲惨な報道を目にすれば、人は誰しもハッとなり、それまでは自分自身のことで精いっぱいだった人でも、被災地のために何かできないだろうかと考えるものであり、ここからボランティア活動への関心が生まれてくる。

しかしながら、何かしたくても、具体的な行動に移すきっかけが見つからない人も多いのではないだろうか。

私は「西三河掃除に学ぶ会」のメンバーである竹中電機の竹中義夫さんやスギ製菓の杉浦三代枝さんらとともに救援隊を結成して、活動に乗り出した。コムラインでは、それを知った社員の中から、行動を共にしてくれる賛同者が次々に現われた。

このことは、私が予想も期待もしていなかった良い効果をもたらした。泥出し、家財道具の取り出し、がれきの撤去に黙々と取り組んだり、立浜地区での交流会では魚魚丸の職人が料理をふるまったり、愛知県からバスに乗り込んで北野天満宮の春の大祭の応援に出かけるなど、現地での交流を積み重ねていくうちに、社員の心が変化していったのだ。

誰の場合でもそうだが、逆境や苦境は時を選ばず襲ってくる。私もさまざまな逆境や苦境に直面し、その時々の課題を克服してきたが、心の支えとなったひとつが「掃除に学ぶ会」の活動だった。

掃除を始めた人は、自身の変化を感じ始めるようになる。常日ごろは目にしていない所の汚れが気になるようになり、掃除の範囲が広がっていくとともに、汚れを少なくするにはどうすればいいかなど、美しい状態を保ち続けるための思考が深まっていく。

こうして身につけた深く考える習慣は、企業経営について考える場面においても自ずと広がっていき、すべてが順調な時でも危機意識を忘れなくなる。

私の初参加は1993（平成5）年の「第1回大正村掃除に学ぶ会」で、その素晴らしさを社員にも広く知って欲しいと願ってきたが、それから10年経ってもひとりの賛同者も現われなかった。

提唱者の鍵山秀三郎氏の「10年偉大なり、20年畏るべし、30年歴史になる」という助言もあって、私は様子を見守ることにしてきたが、東日本大震災から5年後の2016（平成28）年9月、社員の自発的な取り組みによって「コムライン掃除に学ぶ会」が発足した。私の初参加から23年後のことだった。

コムライン掃除に学ぶ会

「魚魚丸」での掃除に学ぶ会

「掃除に学ぶ会」により育まれた精神や責任が、新たな事業への機運を生む

「コムライン掃除に学ぶ会」の発足は川井明常務発案によるもので、発足後、会の中心メンバーの指導のもとに活動を続けており、各店舗の常日ごろは行き届かない所を中心に、早朝の掃除を行っている。

掃除を行う当該店舗のスタッフや幹部社員、それに近隣店舗からの応援を加えた20人から30人の人たちが集まって、実施している。各店舗とも、年に２回をめどに展開しており、開始してからこれまでの累計回数はすでに２００回を超え、３００回へ向かおうとしている。

掃除の効果は、ただ単に店がきれいになるだけではない。店の隅々までよく観察するようになるので、気づきが生まれ、自ずとモノを大切にする精神が育

まれていく。みんなで力を合わせて活動し、互いの気づきについて情報を交換するので、社内のコミュニケーションがより活発になってくる。

しかも、こうした「気づき」や「気配り」や「感謝の心」を上から教えるのではなく、誰もが自然に身につけていくので、こうして生まれた自発性が仕事のさまざまな場面で生かされるようになってきた。

そのひとつが「料理を作って提供する者としての責任」であり「食材を扱う者としての責任」ということだった。

魚を漁場に仕入れに行くと、担当者は流通ルートに乗らないという理由で海に帰される魚を目にすることになる。その量は決して少なくはない。

しかし、一度傷ついた魚は海に帰されても、おそらくはすぐに死んでしまうのだ。そこで、このような天然資源の無駄を少しでもなくそうということから、こうした未利用魚を有効活用するためのプロジェクトが立ち上がった。

市場では見向きもされない魚を加工して、ペットフードを作ろうというものだったが、残念ながらペットフードは単価が安く、採算に乗りそうにないことから断念せざるを得なかった。

しかしながら、この試みは決して無駄ではなく、魚の調理加工に携わる者として「海の豊かさを守ろう」という熱い思いが醸成されていることの証しでもあるのだ。のみならず、ここから新事業を立ち上げようという新たな機運が生まれ、これに続く挑戦に踏み出そうとしている。

さらに、天ぷら油の廃油を再利用するための工夫を凝らしたり、店舗の屋上に太陽光発電パネルを敷き詰めてクリーンエネルギーを活用したりしており、清掃活動を通じて生まれた意識の変化が、今後、重要性が高まっていくSDGs活動の原動力になっていくものと期待している。

掃除の功徳

一、謙虚な人になれる	～下坐行を積む～
一、気づく人になれる	～深めると広がる～
一、感動の心を育む	～感動こそ人生～
一、感謝の心が芽生える	～感謝するから幸せになれる～
一、心を磨く	～大きな努力で小さな成果～

本社ビルの屋上も太陽光発電の場として活用

第四章　本社機能移転と躍進。コロナ禍も乗り切る

尾張から岐阜・三重へと展開するため、本社を名古屋市緑区へ移転

私たちは東日本大震災という未曽有の災害を通じて、日本人の和を尊ぶ精神の美しさを再発見することができた。復旧復興のためのボランティア活動に参加したコムラインの社員もさまざまな感動の場面に立ち合い、こうした経験が社内の精神風土をより豊かなものにしてくれた。

その震災の翌年の2012（平成24）年7月、コムラインにとってひとつの転機となる出来事があった。本社機能を知立市内から名古屋市内に移転したのだ。

回転寿司《すし》業界は、価格訴求型の回転寿司と一味違うおいしさを追求したグルメ回転寿司の二極化が進んできたが、コムラインは「魚魚丸」というブランド

を立ち上げ、グルメ回転寿司として生き抜いていく道を選択した。そのブランドが浸透していき、グルメ回転寿司チェーンとしての知名度が向上していくにつれて、出店要請を受けるチャンスが増えていき、多店舗化に拍車がかかっていった。

店舗数の増加に伴って業容が拡大していけば、当然のことながら、知立市にあった本社機能もセントラルキッチンも手狭になってくる。金魚は大きな水槽で飼うと大きく育つという、いわゆる金魚鉢の法則がある。コムラインもその法則に則って進もうというわけだ。拡大し続ける規模にふさわしい本社機能を必要とする段階に差し掛かってきていた。

店舗展開について言えば、それまでは三河地方が中心だったが、西三河から東三河まで店舗網を広げていくことができれば、次のターゲットは尾張地方ということになり、さらには次の目標として岐阜県や三重県への進出が浮上してくることになる。このような広域的な店舗展開を視野に入れて将来を展望してみれば、司令塔である本社機能は思い切って、東海地方の中心地である名古屋市内へ移転すべきではないか、と私は考えるようになった。

そうこうしているうちに、私はコムラインの本社にぴったりの物件に出会うことができた。場所は名古屋市緑区大高町中川55番地で、敷地面積２３００平方メートル。ここにフロア面積も同じくらいの広さの３階建ての建物が建っていた。国道23号の間近に位置していて、名古屋高速、伊勢湾岸自動車道、知多半島道路などの高速道路や一般国道との結節点に近いため、食材の仕入れや各店への配送には最適なロケーションだった。

わが社にふさわしいこれ以上の物件はそうは見つからないだろう、と私は判断し、土地建物を購入した。玄関横には、仏教詩人の坂村真民先生の詩碑「念ずれば花ひらく」を設置した。

本社の竣工式を妻と

大高本社

仏教詩人坂村真民先生の勇気与える言葉「念ずれば花ひらく」

前回、新本社ビルの玄関横に、仏教詩人坂村真民先生の詩碑「念ずれば花ひらく」を設置したと書いたが、ここで私と坂村先生との関わりについてふれてみたい。

私は愛知中小企業家同友会の「創造経営研究会」に出席し、この日の発表者だった恵那市にある東海神栄電子工業の社長、田中義人さんを通じて「掃除に学ぶ会」への門戸が開かれることになった。

田中さんは、中小企業経営者らの勉強会である「21世紀クラブ」の事務局を担当しており、私もこの活動に参加することになった。こういう集まりは、代表者としての会長を置くのが常だが、この会には役職というようなものは一切なく、その時の運営幹事が代表者を務めるというのが約束事になっている。

格式ばったところのないフランクな集まりであり、中小企業経営者の勉強会のあり方としては、これからの時代にふさわしいのではないだろうか。

職業やそれぞれの立場に関係なく、参加した人たちが命のつながりを大切にして、互いに良い生き方を追求し、ともに学んでいこうという集まりで、講演会、企業見学会、新入社員教育、ボランティアなどの活動を行っている。

講演会では、いろいろな方に講師をお願いしており、その関係でご縁ができたのが坂村先生だった。

人生や宇宙の真理に根差した心に訴えかけてくる言葉は、弱者に寄り添い、癒やしや生きる勇気を与えるものとして、多くのファンに愛されている。私も親交を深め、福井県の古民家を知立市に移築して出店した日本料理店「和食酒家　縁」の命名も先生にお願いした。

人々に勇気を与える坂村先生の言葉をより多くの人に知ってもらおうということで、全国にその詩碑を建てようという取り組みがなされており、「21世紀クラブ」のメンバーもその活動に加わっている。

私の好きな言葉はたくさんあるが、その中で一番好きなのが「念ずれば花ひらく」である。言葉の解釈はもちろん、受け取る人によってさまざまだが、「念」という字は「今」に「心」と書くので、「今の心を大切にし、ひたすら念じて努力を続けていけば、その持続する力によって、やがては花開くことになる」というように解釈している。

詩碑の制作にあたって、私はひとつの大きな石を半分に切り、ふたつの「念ずれば花ひらく」を作って、そのひとつを自宅に、もうひとつを新社屋の玄関横に設置した。

大高に移転した本社の碑

石碑は自宅にも置いてある

本社機能の再構築で外食企業の総合力が向上し、年商は50億円突破

名古屋の新本社ビルには、経理、総務、人事、労務を担当する管理部門と、販売管理、商品開発、教育、商品の提案・改善を担当する営業部門を3階に集約し、機動的な展開ができる本社機能の確立を目指した。

本社を名古屋に移せば、これを機にメディアとの接触が増えると判断し、チラシやＤＭの制作などの販促企画に加えてメディア戦略を担当する「メディア工房」を開設した。

セントラルキッチンは「アイテックフーズ」と命名し、これまで蓄積してきたマーチャンダイジングのノウハウを生かして、食材の購買や集荷配送、食品加工を強化していくことにした。

こうした本社機能の再構築によって、東海地区ではナンバーワンのグルメ回転寿司《すし》チェーンを目指していくことにしたのだ。

その結果、外食企業としての総合力を高めることができ、配送能力も格段に向上したことから、26店舗となった2014（平成26）年7月期の売り上げは50億円の大台を突破した。

「海鮮江戸前寿司魚魚丸」は三河地方に続いて尾張地方の店舗展開を強化していたが、この頃から三重県や岐阜県への出店も始まっていった。

また、この頃には海外で日本食がもてはやされるようになり、とりわけ寿司の人気が高かった。さらに、海外旅行といえばかつてはハワイやアメリカ西海岸が一番人気だったが、近年ではアジア人気が高まってきていた。

このため、海外進出の可能性を探るねらいから、台湾で開催された日本観光・文化エキスポ「タッチ・ザ・ジャパン」に「携帯回転すしレーン魚魚丸」

として参加した。

18（平成30）年には「ららぽーと名古屋みなとアクスル」に高級グルメ回転寿司の「金の魚魚丸」を出店した。

東海地区では初のららぽーとの店舗であり、「大衆的なショッピングセンターではなく、ワンランク上の客層をねらっているので、高級感のある店をお願いしたい」との要請を受けて出店し、注目を集めた。

「魚魚丸」以外の業態についても多店舗化を推し進め、19（平成31）年には魚魚丸岡崎北店を業態転換して、特急レーンを活用した初の焼き肉店「味の肉丸」を出店したり、100円寿司の「握一番」をグレードアップして「新握一番」をリニューアルオープンしたり、イオン三好店にから揚げ専門店の「ちいちゃんのからあげ」を出店するなど、さまざまな挑戦を試みた。

金の魚魚丸

新握一番　刈谷店

売上60％減。新型コロナの緊急事態宣言が外食産業を直撃

２０１９（令和元）年12月、中国湖北省武漢で突如、原因不明の肺炎が流行し、世界保健機構（ＷＨＯ）に報告された。翌20（令和２）年１月には、この病原体が新型コロナウイルスであることが判明し、世界各地で感染者が急増していく事態となった。

この世の終わりを連想させる悲惨な状況が連日報道され、これから世界はどうなっていくのか、人々は不安と混乱に陥っていった。そして、ＷＨＯは３月、パンデミックであることを宣言した。

日本では２月13日に神奈川県で死亡した80代の女性から感染が確認され、これが日本初の死亡例となった。その後、日本の各地で新型コロナウイルスの感

染が拡大していった。

このような非常事態に対応するため、政府は4月7日、東京、神奈川、埼玉、千葉、大阪、兵庫、福岡の7都府県に緊急事態宣言を発令し、同月16日には対象地域を全国へ拡大した。愛知県では同月10日に県独自の宣言を発令していた。

これによって、不要不急の外出や移動の自粛が求められ、人々の移動が大きく制限された。居酒屋を含む飲食店、料理店、喫茶店にも緊急事態に対応するための協力が要請され、営業時間の短縮、酒類の提供の禁止など、感染対策の徹底が求められた。

コムラインもこれを受け入れて、直ちに各店の営業時間の短縮に踏み切るとともに、店内の徹底した感染対策に取り組んだ。

緊急事態宣言が与えた影響はきわめて大きく、人々が出歩く姿が消えていったので、コムライン各店の客足もたちまちのうちに減少していった。その結果、前年同期比の売り上げが90％近く減少した店も少なくなかった。

産業界ではとりわけ飲食、宿泊、観光に関連する産業が深刻なダメージを受けることになったが、コムラインがまだ救われたのは主力店舗の「魚魚丸」の店ですでにテイクアウトを行っていたことだった。

移動制限の影響で来店客が大きく減少したが、一方で家へ持ち帰る動きが活発になってきたからだ。こうした動きを見て、テイクアウトを行っていなかった日本料理の「和食酒家　縁」でも店の前にテントを張って弁当を販売したところ、1日で25万円、約３００食を売ることができた。

しかしながら、来店客の減少の影響のほうがはるかに大きく、緊急事態宣言が発令された4月の全社の売り上げは、前年同月比60％減という大幅な減少となった。

縁のテントで弁当販売

店舗でのコロナ対策の掲示

従業員みなで協力し、プラス思考でコロナ禍を乗り切る

コムラインには、パートさんを含めて１５００人の人たちが働いている。売り上げが大きく減少する異常事態に直面しても、経営者には雇用を守るという大きな責任がある。私は「一人も解雇することなく、この危機を乗り切ってみせる」との覚悟を固めた。

このため、徹底したコストの見直しを行うとともに、雇用調整助成金を活用することにした。さらに、収入の減少によって運転資金が枯渇するのを回避するために、国の新型コロナ対策融資制度を活用して、数億円の借り入れに踏み切った。本当に会社が潰れると思ったからだ。

店舗を賃借している家主のみなさんにも協力を求めた。誰もが厳しい状態に

るので、心苦しく辛い交渉だったが、ほぼすべての家主さんにお伺いしたところ「こんな時だから致し方ないね」と理解を得ることができ、本当にありがたい事と感謝しても感謝しきれないほどの思いであった。

また、国や県の要請に応じて、店の営業時間を短縮すれば、それだけ従業員の勤務時間が短くなり、収入が減少する。このため、品不足が深刻化していたマスクを調達するとともに、これに日々の暮らしに欠かせないお米を加えて、全従業員に支給した。売り上げの減少を余儀なくされている取引先に対しても、マスクと食事券を贈った。

このような対策を講じるとともに、自然から学ぶことをひとつの信条にしてきた私は、これまで経験したことのない事態をどのように理解し、受け止めればいいのかを考えた。

人類はこれまでに何度も危機に直面し、それを克服してきた。このパンデミックが人類に何かを伝えようとしているのであれば、それは「人間の心のありようをもう一度、見つめ直せ」ということではないのだろうか。

地球上には870万種の生物が共存している。人類はその中の0・01％に過ぎない。地球は人類のためだけにあるのではないことを再度自覚し、自分たちの生き方や企業の在り方など、足元から見直すべきではないだろうか。

グローバル化やITの普及など、世界の経済社会は100年に1度と言われる大変革期に直面している。パンデミックが終息すれば、アフターコロナと言われる新しい時代が到来するかもしれない。経済活動が停滞した今こそ、この変革期をどのように乗り切っていくかについて、考えるべきではないだろうか、私はそのような思いを従業員に伝え、「お客さま、従業員、取引先、地域のみなさんが協力し、ご縁を大切にして、プラス思考で乗り切っていきましょう」と訴えた。

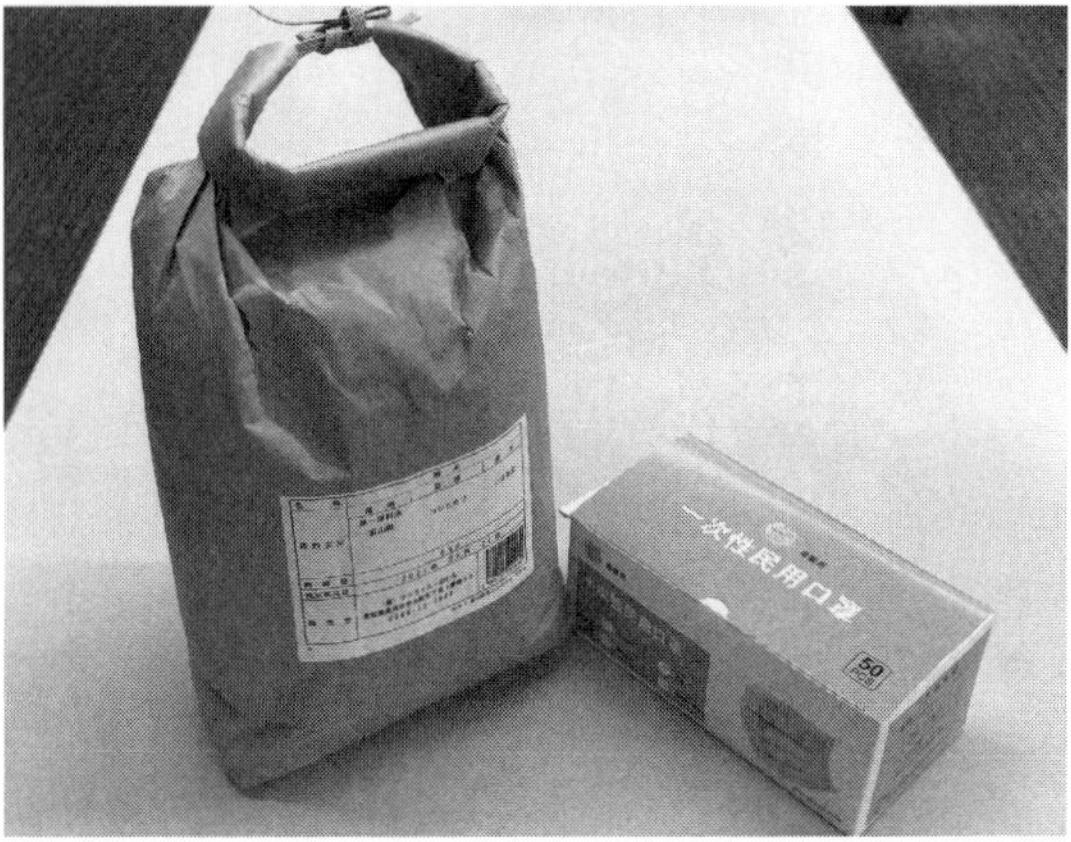

お米とマスクを全従業員に支給

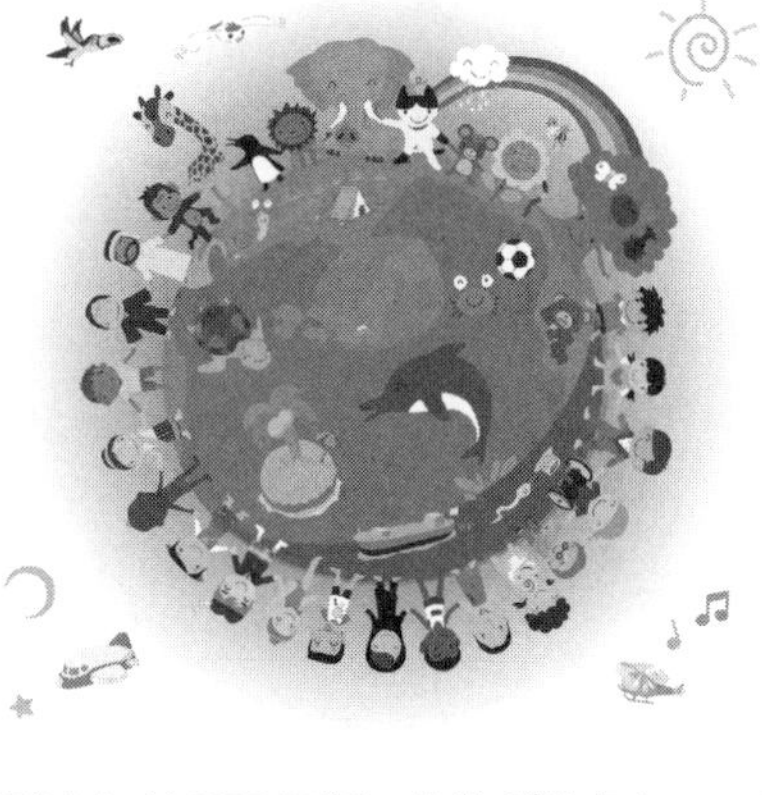

地球上には870万種の生物が共存している

売上回復で健全経営を維持。従業員に心からの感謝を伝える

２０２０（令和２）年5月14日、国内の感染者数が減少していったことから、1回目の非常事態宣言は解除された。

4月中旬に非常事態宣言が発令されてから売り上げが大きく減少していたが、解除されてからは若干回復に向かい始めたが、その期（20年7月期）の決算では売上高は減収となり、減益になった。それまでの最高売上高は前期、すなわち19年7月期の60億円であり、それを5億円下回った。

大手企業のほぼ半数が赤字決算となるなど、コロナ禍の飲食業界は大変厳しい状況にあり、とりわけ中小の居酒屋やレストランの苦境が伝えられていた。

こうした厳しい状況の中でも、健全経営を維持することができたのは、パー

トさんを含めた1500人の従業員のみなさんのおかげであり、私は心からの感謝の気持ちを伝えた。

しかしながら、新型コロナウイルスの流行は、いったんは収まったかに見えたが、その年の7月から第2波、11月から第3波というように、収束に向かうどころかめどの立たない深刻な状況に陥っていった。

こうした中で、市場関係者から、コムラインの食材の調達先のひとつである愛媛県宇和島市のマダイの養殖業者が「SOSを発している」との情報がもたらされた。

販売先の料亭やホテルなどの飲食店の売り上げが不振でまったく売れず、このままでは養殖しているマダイがどんどん大きくなっていくので、売れないのに加え、餌代がかさむばかりなので、少しでも早く出荷したいと嘆いている、というのだ。

その話を聞いた私は、現地の様子を見なければ確かな判断ができないので、早速、夜行バスに乗って宇和島市へ向かうことにした。宇和島市は思っていたよりも遠く、四国へ着いてからまた夜行バスに乗り換えて現地へ向かった。

到着した私は、岡原文彰市長と養殖業者に会って事情を聞いた。確かに速やかな対応が求められる状況にあったので、私は生産者を支援するために大量のマダイの買い付けを決め、魚魚丸の各店で「宇和島真鯛フェア」を開催し、新鮮なおいしい味をお値打ちに提供できた。養殖業者から消費者まで喜んでいただくことができた。

産地とともに非常事態を乗り切る

宇和島市の岡原文彰市長（中央左）と筆者（中央右）

守りのための閉店の決断と、責めの姿勢を貫くための新規出店

新型コロナウイルスは、そろそろ収束かと期待しながらその推移を見守っていると、再び感染者数が急増していくなど、何度も押し寄せてくる波さながらに猛威をふるい続けた。

しかしながら、感染者数の日々の増減に翻弄《ほんろう》されているのは、どの飲食業も同じであり、与えられた同じ状況をどのように乗り切っていくかで、企業の明暗が分かれていくことになる。

国や県はさまざまな支援策を講じてくれたが、この状況をどう乗り切っていくかは、その企業の知恵と努力と忍耐と一致団結した結束力にかかってくる。まさに「自分の城は自分で守れ」の覚悟で乗り切っていかなければならない事

態となったのだ。

人は食べることなく、生きていくことはできない。コロナ禍でも三度三度の食事は不可欠であり、外出が制限されているコロナ禍で求められているのは、テイクアウト用の商品である。

このため、テイクアウトメニューの開発に力を入れていき、「魚魚丸」の店舗へ来店していただいた時と同じように、好みの寿司《すし》ネタを選んで詰め合わせることのできる「お持ち帰り商品」も用意した。

こうした商品を店舗の外に張った仮設テントなどで販売するだけでなく、一般家庭や法人向けの宅配にも力を入れていった結果、テイクアウト用商品の売り上げはほぼ倍増という成果を上げることができた。

このように、主力の「魚魚丸」の店舗では、テイクアウト需要の下支えもあって、危機的な状況を何とか乗り切っていくことができた。

しかし、コロナ禍はそう簡単に収まりそうになかった。宴会需要はほとんど皆無となった。このため、いわゆる居酒屋系の店舗がひときわ苦戦を強いられることになった。

私はこの危機的状況を踏まえ、今は贅肉を落とすべきと判断し、まだオープンして間もなかったが、焼き肉特急レーンの「味の肉丸」と海鮮居酒屋の「とと丸水産」を始め不採算店舗6店の閉店を決断せざるを得なかった。

その一方で、こういう時だからこそ攻めの姿勢を貫くことも必要だと判断して、2020（令和2）年12月に「魚魚丸稲沢店」、21（令和3）年4月に「魚魚丸浜松中田店」、同年9月に「魚魚丸岡崎駅南店」をオープンしていった。

それまで計画していた店舗のオープンに踏み切ったわけだが、このうち「浜松中田店」は、コムラインでは静岡県初の店舗となった。

魚魚丸稲沢店

魚魚丸浜松中田店

優れた食材調達によって、コロナで傷んだ生産者の支援に力を入れる

飲食店の売り上げ不振が続いていけば、食材を提供する事業者は商品が納入できなくなるので、新型コロナウイルスのまん延は、全国の漁業関係者にも深刻な打撃を与えた。

鮮度の高い産地直送の食材にこだわってきたコムラインは、産地とともに歩み続けるとの姿勢を貫き、苦境に立たされている産地と接触する機会を可能な限り設けて、生産者の支援につながる取り組みを行ってきた。そのひとつが青森県とのAプロジェクトだった。

北海道の海産物には比類なきブランド力があり、全国的な高い人気を確立しているが、青森県の海産物の販売先は首都圏に集中していた。

その首都圏の需要がコロナ禍で大きく落ち込んでしまい、それをカバーしていくため、新たな販路の開拓が迫られた。

首都圏に次ぐ大消費地と言えば、関西地方と中部地方ということになるが、そこには解消しなければならない大きな問題があった。海産物は何よりも鮮度が要求されるが、それまでの配送ルートでは、首都圏へは翌日配送していたが、関西地方や中部地方には2日も3日もかかっていたのだ。

青森県の三村知事はこの問題を解決するため、運送会社と提携して、関西地方や中部地方にも首都圏と同様に翌日輸送できるようにし、中部地方でも新たな販路の拡大に乗り出した。その青森県の職員である営業担当者林幸枝さんによって、コムラインでは青森県産の海産物が格段に増え、愛知県内で青森県産商品を一番多く仕入れる企業になった。

青森県の三村申吾知事はコムラインのその意欲的な姿勢に興味を示し、「ぜひ、現地を見てほしい」と言われたので私は社員4人とともに青森県を訪れた。

到着してまず案内されたのは青森県庁であり、そこで三村知事の意欲あふれるトップセールスを受けた。続いて漁場におもむいて、漁師のみなさんから直接お話をうかがった。

私は「優れた食材の調達」と「生産者支援」という二つの目的を達成するために、ホタテ、花見ガニ、カワハギ、ヒラメ、サバなどの海産物を直接仕入れるルートを確立した。これを機に三村知事とのご縁も生まれ、当社へ三度も来られ、「和食酒家　縁」で食事を楽しんでいただいた。

同様のきっかけから、青森県のほかにも「全国うまいもんフェア」や「三重県かき祭り」、「北海道物産祭り」など全国のイベントの開催に力を入れている。

青森県の三村申吾知事(左)と筆者

青森県の漁場にて

コロナで悔しい山口屋の閉店と、新たな挑戦のやっぱりステーキ

２０２３（令和５）年5月5日、ＷＨＯ（世界保健機関）は緊急事態宣言の終了を発表した。その前後からコムラインでも、アフターコロナにつながる新たな試みが始まっていった。そのひとつは２０２２（令和４）年2月11日の「やっぱりステーキ知立駅前店」のオープンなのだが、ここに至るまでには紆余曲折があった。

最初、話が持ち込まれたのは、名鉄知立駅の駅前で、書店に隣接している所だった。その一角の5坪ほどの小さな物件だったので、その条件に適した業態「三河おにぎり」の店をオープンした。

小さいながらも売り上げ効率もよく「まずは成功」と思っていたが、数年後

に大家さんから「書店を閉店するのでおにぎり屋と交換してくれないだろうか」との申し出があった。

駅前の好立地で面積は27坪。飲食店舗として「山口屋」という居酒屋を始めた。わが先祖は、往来の盛んな東海道の宿場町で両替商や酒屋などを手広く営んでいた、と言い伝えられており、「山口屋」は当時の屋号である。

先祖の屋号を復活させ、八丁味噌を用いたもつ煮や味噌串カツなどの名物料理を取りそろえ、内装は当時の面影を醸し出すものとし、いかにもお酒好きの人たちが好みそうな店に仕上げることができた。

人々が集い、酒を酌み交わしながら語り合う居酒屋として繁盛したが、1年半ほどでコロナ禍の影響により売上が激減した。いかに自慢の店でも、お客さんが来なければ続けていくことはできない。そこで業態変更を余儀なくされた。

コロナ禍が収束を迎えたことにより、知立駅前では再開発が進められていた。地域経済の発展には新たな集客策が必要となる。乗降客は通勤時間帯に集中しており、駅前の飲食店は勤め帰りの人たちをターゲットにしている。そこで昼間の集客を増やすことによって、新たなにぎわいづくりに貢献できるよう、ファーストフードの沖縄発祥「やっぱりステーキ」を出店することにしたのだ。

若い人だけでなく、元気な高齢者には肉好きの人が多いという話もあって、根強い人気を見込める業態だ。

今後は愛知県内に多店舗展開をしていきたいと考えている。既存店を活用したリストラ店舗であれば、投下資本が少なく、ＳＤＧｓにも貢献できるので、そうした物件を探している。

惜しまれながら閉店した山口屋

やっぱりステーキ知立駅前店

ピンチはチャンスでもある。通販やオンライン配信を手掛ける

コムラインの基幹店舗であるグルメ回転寿司《すし》の「魚魚丸」は、全国の海産物産地から旬の食材を取り寄せていることや、「マグロの解体ショー」などの〝魅せる演出〟を強みとしてきたが、新型コロナウイルスの流行は新たな可能性を浮き彫りにしてくれた。

外出することが制限されたコロナ禍では、テイクアウト需要が増大していき、そのことが通信販売の重要性を気づかせてくれたのだ。新鮮な旬の食材を冷凍保存すれば賞味期限を長くすることができ、これを通信販売すれば、店舗の制約を受けることなく、広域的な販売が可能になる。

当然と言えば当然のことだが、ピンチはチャンスであり、この発想から新規

事業として亡き弟、新美定久の長男である新美翔太が中心となってECサイトを立ち上げ、具体化に向けて動き出した。そのための挑戦として経済産業省の事業再構築補助金を申請し、採択された。

魚介類を真空パックと最新の冷凍技術によって、賞味期限を大幅に延ばし、ECサイトなどを通じて通信販売することにより、店舗周辺のみならず全国、さらには世界へ販売していこうというものだ。

真空パックや冷凍のための設備を導入し、第1弾の商品として魚介類の「三河みりんかす漬け」を開発した。

地元産のみりんを使用して、銀ダラや銀ヒラス、カレイ、さらには「三河産サワラ」や東日本大震災の復興支援が縁で取引が始まった宮城県の「金華サバ」や「銀次サーモン」などをかす漬けにした。

魚介類のかす漬けの賞味期限は通常は2日間だが、真空パックにすると10日間に延ばすことができ、これを冷凍すれば最大2年間の長期保存が可能になる。

店舗受取サービスを導入し、通販で購入した商品を送料無料で受取可能とし、顧客の利便性を高めた。かす漬けは競合他社が少なく、贈答需要を見込んでいる。これに続く第2弾として、「マグロの手巻き寿司セット」や「海鮮丼」、「うなぎのかば焼き」なども商品化した。長期保存の効く商品の開発は、災害用食品としての需要も見込むことができ、新たな事業の柱に育てていく計画だ。

また、エンターテイメント回転寿司魚魚丸の強みのひとつは、イベントの開催によって来店する楽しさを演出することにあるが、インターネットによるオンライン型のイベントの開催や動画配信を計画している。スタジオを開設して、週替わりの商品紹介や楽しい料理教室を行い、ＥＣサイトを通じて、デジタル時代にふさわしいご縁の広がりを期待している。

魚介類の「三河みりんかす漬け」を通信販売

EC 通販サイトの説明をする新美翔太

海外市場から出張パーティーまで、積極的に販路を拡大

２０２２（令和４）年９月９日、愛知県商工会連合会は愛知県内の食品業界の海外販路開拓を支援するため、シンガポールで商談会を開催した。

会場はレストランのマ・メゾン（本社名古屋市）のシンガポールの店舗「マ・メゾンキッチン　10ＡＭ」で、愛知県内の食品メーカー11社が現地へ訪れ、さらに８社がオンラインで参加した。現地の企業から47人のバイヤーが訪れ、オンラインを含めて１１０件の商談が繰り広げられたのだった。

愛知県商工会連合会の海外商談会は、それ以前は台湾で開催されていたが、シンガポールは消費が旺盛なのに加え、欧米市場との結びつきも期待できることから、その後も継続開催している。毎回、20社前後の食品メーカーが参加し、

自慢の商品を広く海外へ販売していくための方法を見出そうとしている。

コムラインでは、戦略商品である魚介類の三河みりんかす漬けの販路開拓を目指している。しかし、海外ではかす漬けがどういうもので、なぜ手間をかけて作られ、日本で愛されているのか、そういう知識や理解がまったくなく、知名度の面で販売には大きな難関が立ちはだかっている。そこで、現地のフレンチ一つ星レストランホワイトグラスの山下シェフとのコラボレーションにより、デザート系、スイーツ系として三河みりん粕を使ったフィナンシェなどを考えたり、また健康食としての活用ができないかなど、様々なメニュー展開を開発中だ。海外で受け入れられるような方法の確立を模索している。

このように扱っている商品の販路開拓の機会があれば、積極的に参加することにしており、２０２３（令和５）年12月（1日から30日まで）には、名古屋市中区の金山総合駅にあるアンテナショップ「ＩＫＯ↓ＭａＩ」に出店した。

ここは名古屋鉄道が中部圏の市町村と連携して、各地の優れた特産品を販売しようというもので、この月は知立との連携月だったことから、コムラインは魚介類のかす漬けや、魚魚丸の商品、パンのかおりの商品などを販売した。

また機会や要望があれば、積極的に店の外へ出ていく取り組みにも力を入れている。そのひとつが魚魚丸の「出張パーティー」である。調理設備の整っている企業などへ訪れ、必要な機材を持ち込んで、魚魚丸ならではのマグロの解体ショーや回転寿司を現地で再現して、楽しんでもらおうというものだ。実際に行うと大変好評で、リピートの要望も多く寄せられ、コムラインの人気のサービスのひとつとなっている。

シンガポールで行われた商談会

山下シェフ(左)と新美翔太

被災地支援で、愛知の一次産業ブランディング不足に気づく

２０２４（令和６）年1月1日の午後４時10分、石川県能登半島で震度７の激しい揺れを観測する大地震が発生した。そこで、９日、被災地への義援金１００万円を振り込むとともに、15日から魚魚丸と金の魚魚丸の店舗で「食べて応援プロジェクト」の第一弾を開始した。

石川・富山県産の天然寒ブリの特別セールを展開し、売り上げの一部を被災地へ寄付しようというものだ。来店客の皆さんの理解と協力を得ることができ、2月22日、義援金90万２９８０円を石川県へ送金した。

これに続いて、2月17日からは「食べて応援プロジェクト」の第二弾を開催し、義援金37万６０００円を送った。

このほかにも各店舗に募金箱を置き、一時金50万円と寄付金付きのかす漬けの売上金2万9300円を送った。

こうした義援金支援に対して、馳浩石川県知事から「被災地は、過疎化、高齢化が進展しており、生活再建への道のりは平坦ではありませんが、皆様のお気持ちが被災者の方々への大きな励ましになるものと確信しております」という丁寧なお礼状をいただいた。

能登半島地震は石川県では未曽有の大災害でありながら、その現状が充分に伝わっていなかった側面があり、私自身、現地へ赴いて初めてその被害の大きさを実感した。一日も早い復興を願うばかりである。

東日本大震災、熊本地震、そして能登半島地震と義援金活動を展開してきたが、そのたびに改めて教えられることがあった。それはこれらの被災地では、漁業や農業といった一次産業において「ブランディング」がなされているということだった。

百貨店の物産展で最強のブランドと言えば北海道だが、東北も熊本も北陸もブランドがすでに確立されている。愛知県も三河湾は豊かな魚介類の宝庫であり、渥美半島を中心に農業も盛んである。しかし、果たしてそこまでのブランディングがなされているだろうか。

一次産業のブランディングは地域経済や産業振興には欠かせない課題であり、24年6月には碧海5市を中心に、三河南部の食文化を研究する一般社団法人「南三河食文化研究会」が発足した。この地域は発酵食品や醸造業では味噌、しょう油、酢、味醂等、農産物ではキャベツ、れんこん、大葉等、海産物では鯛、車海老、アサリ、ふぐ、シラス等、独自でうまい食品、食文化が豊富にある。こうしたことをもっと発信して、愛知のブランド力を高めていくために努力していきたいと考えている。

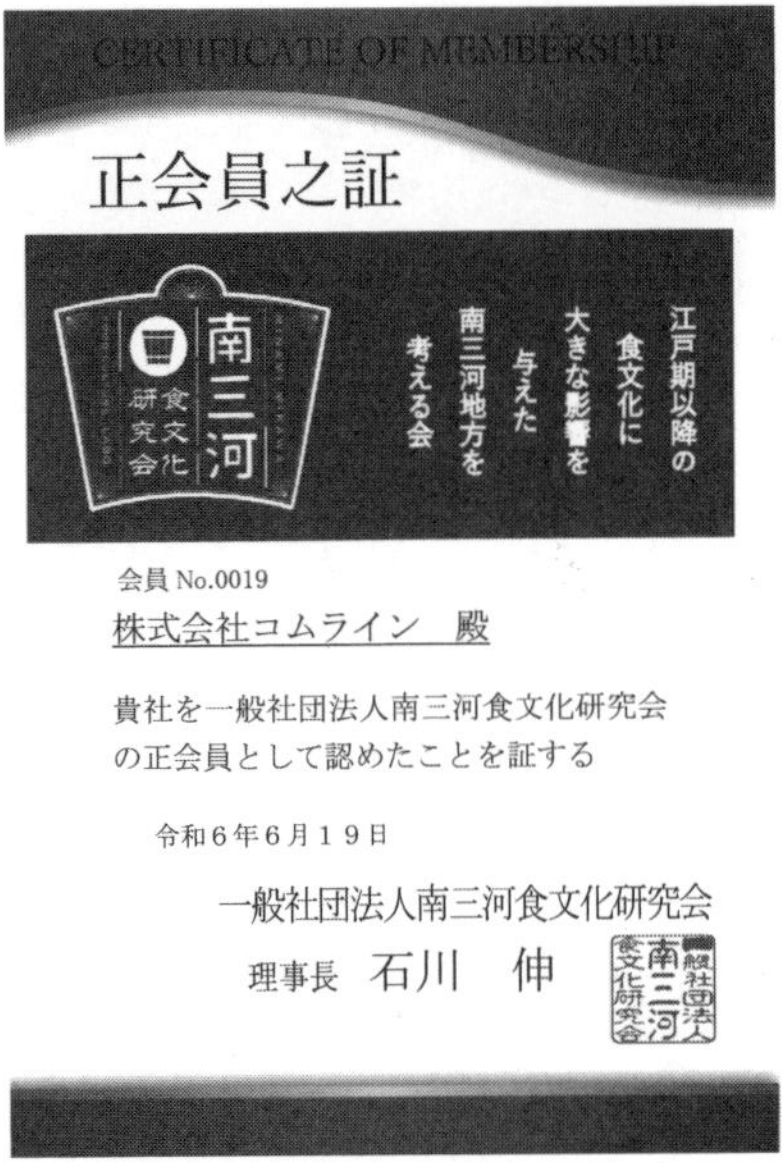
CERTIFICATE OF MEMBERSHIP

正会員之証

南三河食文化研究会

江戸期以降の
食文化に
大きな影響を
与えた
南三河地方を
考える会

会員 No.0019

株式会社コムライン　殿

貴社を一般社団法人南三河食文化研究会
の正会員として認めたことを証する

令和６年６月１９日

一般社団法人南三河食文化研究会
理事長　石川　伸

南三河食文化研究会に参加

「魚魚丸」は東へ。家康公と同じ道を歩むことに

世界的なインフレの波、ロシアのウクライナ侵攻、米中対立など、国際情勢は予断を許さない状況が続いている。しかし、どのような時代になっても、人と同様に企業も、環境の変化に対応しながら、たくましく生き抜いていかなければならない。

暗いニュースが多いなかで光が見えてきたのは、3年間の長きにわたって続いてきたコロナ禍がようやく収束に向かったことだ。アフターコロナと言われる時代をどのように生き抜いていくのか、新たな選択が迫られる段階にさしかかってきた。

コムラインの創業の原点のひとつは、多様化の時代に対応し、予期せぬリスクに備えるために、経営の多角化を推し進めたことだ。そして変化の時代には

変化して対応する。コロナ禍においては不採算店舗の撤退、贅肉を落とし、基幹店舗であるグルメ回転寿司の「魚魚丸」の多店舗化を推し進めて利益体質に持っていったことである。

また日米金利格差の拡大、日本の金融暖和政策、世界的なインフレやエネルギー価格の高騰などの要因により超円安が進み、日本国内では輸入商品が高騰したことで、均一価格の回転寿司各社は値上げを余儀なくされたが、当社は愛知県産や国内産にこだわっていたために価格が安定し、お客様の支持が得られ、増客につながった。またエンタメ効果もあり、マスコミに取り上げられたこともプラス要因となった。

グルメ回転寿司の「魚魚丸」は、まずは三河地区を中心に店舗を展開し、それから尾張地区、岐阜県へと広域化していった。２０２１（令和３）年４月には「浜松中田店」をオープンして静岡県へ進出し、今年すなわち23（令和５）

年7月、浜松市内に森田店をオープンさせた。これによって、「魚魚丸」は28店舗となった。

コムラインの創業の地は、東海道五十三次の「池鯉鮒《ちりふ》宿」があった知立市だが、ここから東海道を東へ向かい、将来的には首都圏を目指していきたい。三河から始まって、駿府、江戸へ向かっていった家康公と同じ道程を歩んでいくことになる。

浜松森田店

第五章　故郷知立とコムライン、そしてこの国への思い

お世話になった知立市商工会との関わりで、旭日単光章を受章

私は創業当初から、何かと知立市商工会のお世話になってきた。新美鉄工所を創業して間もない頃、運転資金の借入、税務申告などを教わり、運良く利益が出たので、節税対策の相談に行くと、もうけることだけを考えるのではなく、会社を大きくしていくには、しっかりした経営者としての勉強をしなければだめだと教えられ、そこから私の地に足のついた勉強が始まっていった。

県連主催の異業種交流セミナーや若手後継者等体験研修事業に参加してジャスコの経営の神髄にふれることができたり、米国視察旅行に参加し、私は流通業に携わる者としての基礎と覚悟を身につけることができた。それらのきっかけを提供してくれたのも、私の悩みをよく聞き、親身になって経営指導をして

くれていた知立市商工会の経営指導員だった。

このように、私のこれまでを振り返ってみると、地域の経済活動や中小企業の成長発展にとって、商工会の果たすべき役割はきわめて大きいと言うことができる。とりわけ創業間もない中小企業や小規模企業にとっては、なくてはならない貴重な相談相手である。そこでそれまでの恩返しの気持ちも込めて、理事、商業部会長を務めさせていただき、09（平成21）年5月には知立市商工会の会長を拝命した。

その後、愛知県商工会連合会の副会長に就任したほか、中小企業庁長官表彰をはじめとして、いくつもの地域貢献表彰を受け、外食産業の発展に尽くしたことなどが評価されて、17（平成29）年秋の叙勲で「旭日単光章」の栄に浴することとなり、身に余る思いであった。

18（平成30）年2月にホテルクラウンパレス知立で開催した受章祝賀会には、

愛知県内の商工会関係者や地元でお世話になった方々など185人に出席いただき、大村秀章愛知県知事から祝辞をいただいた。

そして、この年の5月から、愛知県商工会連合会の会長に任ぜられた。19（令和元）年6月には、即位されたばかりの天皇皇后両陛下にご臨席いただいて、第70回全国植樹祭が愛知県森林公園で開催され、私は愛知県商工会連合会代表として植樹にも参加させていただいた。23（令和5）年には愛知県表彰条例による「産業功労者表彰」を受賞した。地域経済の発展と組織強化に尽力し、商工業の振興に貢献したことが評価された。24（令和6）年には中小企業庁により、「はばたく中小企業・小規模事業者300社」に選ばれ、表彰を受けた。コムラインの事業再構築や生産性向上の取り組みが評価された。

「旭日単光章」を受章

全国植樹祭

知立市商工会として将来を見据え「知立駅前周辺未来構想」を策定

東海道は江戸時代の街道の中でもっとも往来の盛んな街道であり、そこを旅する人々とともに文化の交流がなされ、街道にある宿場町はその地域の経済・文化の中心地として栄えていた。

知立（池鯉鮒）も東海道五十三次の江戸から数えて39番目の宿場町として広く知られていた。１９０６（明治39）年頃には碧海郡の郡役所があって、近隣市より人口も多く、経済が発展して交通の要衛であり、西三河のにぎわいの拠点としての役割を担っていた。

しかし、戦後の経済の高度経済成長が進んでいくにつれて、豊田市や刈谷市、安城市などの近隣都市では、自動車関連の企業が躍進を続けていったが、知立市はそのベッドタウン的な位置づけとなって、周辺地域に比べ、経済力という面では相対的に存在感が薄れつつある。

知立市商工会は地域における唯一の総合経済団体として、専門的な課題に対応できる人材を育成することにより、巡回を主体とした伴走型の経営支援や事業継承の推進、販路拡大、デジタル化などに取り組んでいる。

こうした活動に加え、私はわが故郷、知立にかつてのにぎわいと輝きを取り戻したいと考えるようになった。

知立市の中心地である知立駅周辺はこれまで、名鉄名古屋本線と三河線によって市街地が大きく分断されていた。踏切によって道路交通が遮断されている時間は1日10時間50分ときわめて長く、朝夕のラッシュ時の踏切は「開かずの踏切」と呼ばれていたほどだった。

知立市の南北の商店街も分断されていたが、現在、名鉄知立駅付近の連続立体交差事業が勧められている。この知立駅の高架化事業は、都市交通の円滑化の実現、周辺市街地の生活環境を改善、そして都市機能の向上を図る事業計画である。開かずの踏切がなくなって南北の商店街が一体化され、昔のようなにぎわいを取り戻すための百年に一度のチャンスがまさに今、訪れているのだ。

知立市商工会はこれを地域活性化のための千載一遇のチャンスととらえ、これを実現するための将来ビジョンの策定を進めてきた。その結果、２０２２（令和４）年にまとめることができたのが「輝くまち　みんなの知立」をキャッチフレーズとした知立駅前周辺未来構想「知立・ＣＨＩＲＹＵ　ＴＲＡＩＮ・ＰＡＲＫ構想」（案）である。

高架化事業が勧められている知立駅周辺

知立市商工会の歴代会長たちと
左から筆者、藤沢貞夫氏、渡辺武氏、渡辺鉦一氏

目標は年間500万人の集客。市民や若者のアイデアを吸収

知立駅周辺の将来ビジョンを描き、にぎわいを復活させるための街づくり構想「CHIRYU TRAIN・PARK構想」(案)は、知立市民と10回ほどの意見交換会を開催して取りまとめたもので、ここには知立を愛する人たちの熱い思いと願いが込められている。

この構想は、知立が愛知県のほぼ中央に位置しているという地の利を生かし、魅力あるまちづくりを推進することによって、知立駅まで名鉄で30分圏内(名古屋市から21分・豊橋市から29分・西尾市から24分等)の愛知県内160万人商圏から、年間500万人(乗降客数では1000万人)の集客を目指すことを骨子としている。

これを実現するために、次のような施設の建設・誘致を思い描いている。

・各種イベントの開催が可能な駅前広場の「一万人広場」

・高速バス、観光バス、送迎バス、コミュニティーバスが発着する先進的なハブターミナルの「バスタ知立」の必要性

・にぎわい溢れる交流拠点としてのショッピングストリート「鉄道高架下商店街」や駅前一万人広場

・旧三河知立駅高架下を活用した鉄道文化の拠点としての「ミュージアム」

・健康器具を配して健康の増進と楽しさを提供する「堀切健康公園」

この地域も東南海地震などの大災害が懸念されているが、「一万人広場」や高架下はその際に帰宅困難者を受け入れる場所として活用できるし、高架下には災害時の機材が保管できるなど、大災害に備えるという観点からも、駅前再開発は避けて通ることのできない課題と言えるのだ。

碧海5市では、地域の産業振興を図るための意見交換の場として、愛知県知事も参加される碧海経済サミットが開催されている。安城、刈谷、碧南の3商工会議所と高浜、知立の2商工会の会頭・副会頭、会長・副会長が集まって意見を交わすが、私は２０２２（令和４）年10月に開催されたサミットで「ＣＨＩＲＹＵ　ＴＲＡＩＮ・ＰＡＲＫ構想」（案）について説明し、理解を求めた。

同年12月には、知立の次代を担う若者と意見を交換するためのワークショップを開催した。至学館大学、県立知立高校、県立知立東高校の学生・生徒19人が参加し、この構想の良い点や課題、若者の考える街づくりや具体的なアイデアについて語り合ったが、若者らしい新鮮な考えを聞くことができた。

今後も説明会や意見交換会を開催して、市民のみなさんの意見やアイデアを吸収しながら、この構想をさらにブラッシュアップし、実現に向けて各方面へ働きかけていくことにしている。

碧南経済サミット

トレインパーク構想の説明会

ご縁と感謝で、国の礎である一次産業と豊かな自然を守る覚悟

私は1971（昭和46）年9月、自宅の庭に10坪（33平方メートル）の工場を建設し、24歳で念願の独立を果たした。新美鉄工所の創業である。事業は軌道に乗っていったが、一方で下請けとしての限界を感じ、経営の多角化に乗り出していった。

持ち帰り寿司《すし》やレンタルビデオ、パソコンショップから手掛け、そこから変遷を繰り返していき、グルメ回転寿司の「魚魚丸」を主力とする外食産業として成長発展を遂げてきた。

創業からすでに50年以上が経過しているが、企業とは時代の変化に対応しながら生き抜いていくものなので、これからもさまざまな変遷をたどっていくこ

とになるだろう。

しかし、事業内容が変化していっても、変わらないものがあった。それはもうけだけを追求するのではなく、出会った人とのご縁を大切にし、「お客さまのおかげでお店がある」「生産者のおかげでおいしいものができる」「お取引先のみなさまのおかげで営業ができる」「従業員のみなさまのおかげで会社がある」というように、常に感謝の気持ちを忘れてはならないことだ。

これからも、この気持ちを忘れてしまったら、コムラインはコムラインでなくなってしまうだろう。

私のご縁は創業時に知立商工会の経営指導を受け、愛知中小企業同友会で経営者としての勉強をし、「掃除に学ぶ会」や東日本大震災の支援活動を通じて広がっていった。その後、御縁をいただき、1992年10月に知立ライオンズクラブへ入会。04年（平成16年）に40周年の会長を仰せつかり、知立セントピアホテルでの記念パーティーを盛大に開催できた。23年6月の最終例会で30年皆勤賞をいただくことができたのも健康であったからと感謝している。

そして瓢箪の愛好家が集う全日本愛瓢会。こちらも御縁があって参加させていただいているが、24年6月6日の第49回大会は知立市文化会館・パティオ池鯉鮒で行われ、名誉総裁を務められる秋篠宮殿下を知立にお招きできた。１４0点ほどの作品を御覧いただき、また知立神社に移動されて重要無形民俗文化財の「知立の山車からくり」もご覧いただけた。このとき、お食事は私どもの「和食酒家　縁」が用意してお召し上がりいただいた。実に光栄なことであった。

さて、愛知県商工連合会会長という重責を通して、日々思いを強くしているのは、それぞれの地域経済を支えているのは、国内の企業総数の99・7％を占める中小小規模企業であるということだ。

私は県内の中小小規模企業の現状を知り、問題点を把握するために、毎年、57の商工会ほぼすべてを訪問している。商工会地域は中山間部に位置していて農業、漁業、林業という第一次産業に関わる企業が多く、後継者難をはじめ、過疎が進んだ地域の厳しい問題を抱えている。

国際的な緊張が続く中で、日本もいつ何時、危機的状況に直面することになるのか、予断を許さない情勢下にある。コロナ禍で改めて気づかされたことだが、交易が途絶えるという危機に直面した時、国内の一次産業が疲弊していては日々の暮らしが立ち行かなくなるのは目に見えている。

国の礎である一次産業と豊かな自然をしっかり守り抜いていかなければならない。江戸時代の食料自給率は100%だったが、農林水産省によれば23年度はカロリーベースでは38%、生産額ベースでも67%だ。これをいかにアップさせるか。アップすれば国力は高まり、インバウンド増加どころか、ひいては世界の平和にもつながるだろう。それを広く訴え、自らもあらゆる機会を通じて、可能な限り実践していく覚悟でいる。

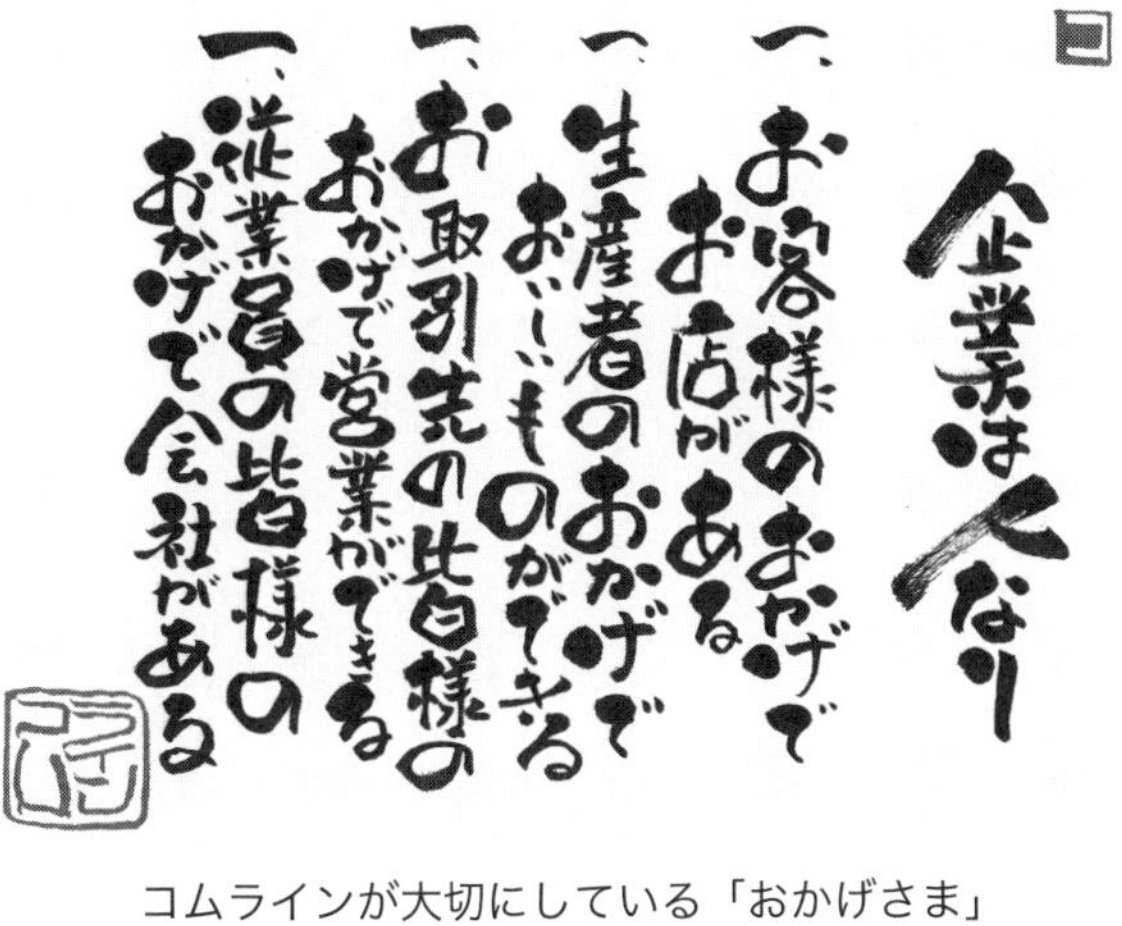

コムラインが大切にしている「おかげさま」

あとがき

明治新政府になってからの日本は、工業、経済が発展して物質的には豊かになった。ただ、明治以降、日清・日露・大東亜戦争と戦争の歴史を繰り返してきたのも確かで、それはいかがなものかと最近は思う。

これからの日本は、人口減少、地球上の資源枯渇という中で生きていかなければならない。すると江戸時代にコンパクトで食料時給率も高く、芸術・文化も栄え、世界に類を見ない争いのない平和な日本国があったことを、いま一度考え直して、江戸時代を見習う事もいいのではと思ったりする。

周りを全て海に囲まれ、北海道でスキーをやって、その日のうちに沖縄で海水浴ができる日本という国。新幹線・高速道路が縦横に走って便利で、大都会の東京、歴史と文化の奈良・京都もある。各地に美味しいものがたくさんあって、風光明媚。世界的に見れば安全、安心も確保されている。

こんな国はそうないだろう。さらにおもてなしもいいからインバウンドが何千万人も訪れる。

だから今後は、「この国だけはなくしてはいけない」と世界中から思ってもらえる国にブランディングしていくことが大事だと思う。

おもてなしの心を忘れない人材教育とか、芸術や文化を高めていくとか、もっと美味しいものを作るとか、軍備なんか持たなくていいからそういう方向に舵を切ってもらいたいものだ。

日本がそうなることで、世界の平和が保たれるという方向に向くようになる事を願いたい。本来そうしたセンスを持った国が日本だと思う。

アジアの先進国としてリーダーシップを取って、世界と公平にお付き合いができるのは日本だろう。戦後ももう80年という時期なのだから、アジア人として、仲良くしなければいけない。

人口が減ってくる日本では、数や力で競い合っては勝ち目などない。良いものので、価値あるもので勝負する、そういうふうに意識が変わっていかないといけないだろう。

例えば日本の神社というのは、教祖もいないし経典もない。だけど、お陽さまであったり、お月さんであったり、海とか岩とか樹木とか、そういうものを神とする。自然と共生していくということ。伊勢神宮など20年ごとに新しくすることで、けして朽ち果てることのない持続可能なシステムとなっている。

そうした精神性の高い日本という姿を磨いて、新たな社会を作っていくことが求められている。皆でそう考えるようになれば、日本はまだまだいい方向へ行くのではないか。

ちなみに、わがふるさと知立市にある知立神社神主の永見貞英の娘は、徳川家康公の側室お万の方となり双子を生んだ。結城秀康と32代知立神社神主の永見貞愛である。その知立神社は明治神宮から下賜された花菖蒲の名所だが、ここを花いっぱいにして盛り上げようと地元有志とともに昨年3月、８００本のツツジを植樹した。

今後、時代は大きく変化していく。

変化に対応したからここまでやってこられたが、これからの変化はこれまでにないものになるかもしれない。しかし皆様との御縁と感謝の気持ちは、どういう時代になろうともけして変わることはない。

２０２４年8月吉日

筆　者

＊本書は中部経済新聞に令和5年5月1日から同年6月30日まで51回にわたって連載された『マイウェイ』を改題し、新書化にあたって加筆修正をしました。

新美 文二（にいみ・ぶんじ）

1946（昭和21）年生まれ。1971（昭和46）年、新美鉄工所を創業。持ち帰り寿司、レンタルビデオ、パソコンショップなど経営の多角化を推進し、1990（平成２）年、株式会社コムラインを設立。2000（平成12）年にグルメ回転寿司「魚魚丸」を立ち上げたのを機に外食チェーンとして急成長。21（令和３）年９月、代表取締役社長から代表取締役会長。愛知県商工会連合会会長、知立市商工会会長。愛知県知立市出身。

中経マイウェイ新書 061
変化の達人　魚魚丸 50 年の情熱

2024年11月22日　　初版第1刷発行

著者　新美 文二

発行者　恒成 秀洋　発行所　中部経済新聞社

名古屋市中村区名駅4-4-10　〒450-8561
電話　052-561-5675（事業部）

印刷所　西川コミュニケーションズ株式会社
製本所　株式会社渋谷文泉閣

ISBN978-4-88520-249-0